全行业优秀畅销书配套教材

21世纪会计专业主干课程教材

Exercises and Trainings for Cost Accounting

成本会计
习题与实训

第八版

鲁亮升 主编

东北财经大学出版社 Dongbei University of Finance & Economics Press 大连

图书在版编目（CIP）数据

成本会计习题与实训 / 鲁亮升主编．—8版．—大连：东北财经大学出版社，2022.2（2024.7重印）
（21世纪会计专业主干课程教材）
ISBN 978-7-5654-4430-2

Ⅰ.成…　Ⅱ.鲁…　Ⅲ.成本会计-高等职业教育-教学参考资料　Ⅳ.F234.2

中国版本图书馆CIP数据核字（2022）第017666号

东北财经大学出版社出版
（大连市黑石礁尖山街217号　邮政编码　116025）
网　　址：http://www.dufep.cn
读者信箱：dufep@dufe.edu.cn
大连天骄彩色印刷有限公司印刷　　东北财经大学出版社发行

幅面尺寸：185mm×260mm　　字数：284千字　　印张：12.25
2022年2月第8版　　2024年7月第4次印刷

责任编辑：包利华　　责任校对：张晓鹏
封面设计：冀贵收　　版式设计：原　皓

定价：29.00元

教学支持　售后服务　　联系电话：（0411）84710309

如有印装质量问题，请联系营销部：（0411）84710711

第八版前言

根据《中共中央关于认真学习宣传贯彻党的二十大精神的决定》、财政部《关于印发〈会计人员职业道德规范〉的通知》、《中共中央关于党的百年奋斗重大成就和历史经验的决议》、国家教材委员会印发的《习近平新时代中国特色社会主义思想进课程教材指南》和财政部发布的部门规章、规范性文件等，《成本会计》修订出版了第八版，本书同步对有关习题和实训案例进行了补充和完善。

本书配套的主教材《成本会计》（第八版）配有电子课件、电子教案、教学大纲、学习指南等辅助教学资源，请任课老师发送邮件至 dufep6@163.com 获取。授课老师获取与本书配套的题库系统，请致电：0411-84710715。

本次修订由鲁亮升担任主编，参加修订的有黄凯、李圆、余潜雄等老师。

欢迎广大师生继续对本书存在的疏漏或不足批评指正，以便更好地为教学服务。

如果您有问题想与我们讨论与交流，可以打开 QQ 扫描下面的二维码：

教师扫一扫　　学生扫一扫

编　者

2023年8月

第七版前言

根据最新发布的《企业产品成本核算制度——电网经营行业》《关于企业职工教育经费税前扣除政策的通知》《关于修订印发2018年度一般企业财务报表格式的通知》，以及修订后重新发布或新发布的企业会计准则等部门规章和规范性文件，《成本会计》修订出版了第七版，本书同步进行了修订。

本次修订的主要内容包括：

（1）修改了有关章节的重点、难点和练习题（包括填空题、判断题、单项选择题、多项选择题和简答题）。

（2）重新设计了有关职工薪酬的实务训练（第4章和综合实训）。

（3）增加了有关顺序分配法的实务训练（第5章）。

（4）重新设计了有关副产品成本计算的实务训练（第13章）。

（5）修改完善了相关练习题和实务训练的参考答案。

本书配套的主教材《成本会计》（第七版）配有电子课件、电子教案、教学大纲、学习指南等辅助教学资源，请任课老师发送邮件至dufep6@163.com获取。授课老师获取与本书配套的题库系统，请致电：0411-84710715。

本次修订由鲁亮升担任主编，参加修订的有黄凯、李圆、李淑梅、汤衡、汤小军、熊先莉、余潜雄等老师。

欢迎广大师生继续对本书存在的疏漏或不足批评指正，以便更好地为教学服务。

编　者

2019年1月

目　录

第1章 总论

【重点与难点】

重点：有关成本、费用的概念，成本会计及其基础工作的内容。

难点：成本、费用等概念的联系和区别。

1. 费用、成本的概念

（1）生产经营费用，是指企业生产经营过程中发生的耗费，包括企业的生产费用和期间费用。

（2）生产费用，是指企业一定时期内在生产产品（商品）和提供劳务过程中发生的各种耗费。生产费用不包括期间费用。

（3）期间费用，是指企业不计入产品成本、劳务成本，而直接计入当期损益的生产经营费用，包括销售费用、管理费用和财务费用等。

（4）费用，是指企业在日常活动中发生的、会导致所有者权益减少、与向所有者分配利润无关的经济利益的总流出。费用包括营业成本、期间费用、资产减值损失等。

企业为生产产品、提供劳务等发生的可归属于产品成本、劳务成本等的费用，应当在确认产品销售收入、劳务收入等时，作为已销售产品（商品）成本、已提供劳务成本等计入当期损益。企业已销售产品（商品）和已提供劳务的成本称为营业成本。

企业发生的支出不产生经济利益的，或者能够产生经济利益但不符合或者不再符合资产确认条件的，以及企业发生的交易或者事项导致其承担了一项负债而又不确认为一项资产的，都应当在发生时确认为费用，计入当期损益。直接计入当期损益的销售费用、管理费用、财务费用等项目，称为期间费用项目。

（5）成本，从其经济实质来看，是企业在生产产品、提供劳务等过程中，已消耗的生产资料的价值与劳动者为自己劳动所创造的价值之和；从其经济内容来看，是企业为生产产品和提供劳务等发生的各种物化劳动和活劳动的耗费。

（6）产品（劳务）成本，是对象化的生产费用。产品成本是企业为生产一定种类和数量的产品所发生的各种耗费的总和；劳务成本是企业为提供一定种类和数量的劳务所发生的各种耗费的总和。成本一般指的是产品（劳务）成本，只有生产费用才计入产品（劳务）成本，因此，产品（劳务）成本也称为产品（劳务）生产成本或者制造成本。

2. 生产费用与产品（劳务）成本的联系和区别

（1）生产费用与产品（劳务）成本的联系。产品（劳务）成本是对象化的生产费用，生产费用和产品（劳务）成本在经济内容上是完全一致的，都是企业在生产产品和提供劳务过程中发生的各种物化劳动和活劳动的耗费，包括折旧费、材料费和人工费等。

（2）生产费用与产品（劳务）成本的区别。生产费用与一定会计期间相联系，产品（劳务）成本与一定种类和数量的产品（劳务）相联系，从一定会计期间（月度、季度、半年度、年度）来看，一个企业的生产费用总额与其完工产品（劳务）成本总额不一定相等。

3. 费用、成本的作用

费用、成本是补偿耗费的尺度，是综合反映企业工作质量的重要指标，是制定产品价格的重要依据，是企业进行决策的重要依据。

4. 成本会计的概念、对象、职能和内容

（1）成本会计，是运用会计的基本原理和一般原则，采用一定的技术方法，对企业生产经营过程中发生的各项费用和产品（劳务）成本进行连续、系统、全面、综合核算和监督的一种管理活动。

（2）成本会计的对象，是企业生产经营过程中发生的各项费用和产品（劳务）成本。产品（劳务）成本是对象化的生产费用，当期已销产品（劳务）的成本又转化为费用。费用、成本是紧密联系的，都是成本会计的对象。成本会计实际上是成本、费用会计。

（3）成本会计的基本职能与会计的基本职能相同，即具有核算和监督两个基本职能。监督职能又可以扩展为预测、决策、计划、控制、分析、考核和检查等诸多职能。

（4）成本会计的内容包括成本预测、成本决策、成本计划、成本控制、成本核算、成本分析、成本考核和成本检查等具体内容。

（5）成本会计各项具体内容的联系：成本预测是成本决策的前提，成本预测资料是进行成本决策的重要依据，成本决策又是成本预测的结果。成本计划是成本决策所确定的成本目标的具体化，同时又是成本控制、成本分析和成本考核的依据。成本控制是对成本计划的执行情况进行监督、保证成本决策目标实现的手段。成本核算对各项生产经营费用的发生和产品成本的形成进行核算，可以反映成本计划的实施结果，检验成本决策目标是否实现。成本核算资料和成本计划资料是成本分析的依据，成本分析则可以查明成本计划的完成程度和实际脱离计划的原因。成本考核依据成本计划、成本核算和成本分析资料对责任者进行考核和评价，是实现成本决策目标、强化成本核算作用的重要手段。成本检查是成本核算的继续和深化，是保证成本核算资料的真实、合法、合理的重要手段。

5. 成本会计机构、人员、有关法律法规和制度

（1）成本会计机构和人员。成本会计机构是企业负责组织领导和直接从事成本会计工作的职能部门，它是企业会计机构的重要组成部分。企业应当在保证成本会计工作质量的前提下，按照节约成本会计工作时间和费用的原则，设置成本会计工作机构。在企业成本会计机构中，配备好成本会计人员，提高成本会计工作人员的素质，是做好成本会计工作的前提。

（2）与成本会计有关的法律法规和制度主要有《中华人民共和国会计法》、企业会计准则、企业产品成本核算制度等。企业设置成本会计机构、配备成本会计人员、制定内部会计制度和成本核算办法，必须遵循有关法律法规和制度的规定。企业成本会计机构和会计人员必须严格按照有关法律法规和制度的规定组织成本核算，加强成本管理和成本监督。

6. 成本会计的基础工作

（1）建立和健全原始记录制度。原始记录是反映企业生产经营活动的原始资料，是进行费用和成本核算，分析消耗定额、费用预算和成本计划完成情况的依据。

（2）建立和健全定额管理制度。定额是企业根据本单位当前的生产条件和技术水平，充分考虑各方面的因素，对生产经营成果的数量和质量，以及人力、物力和财力的消耗等所规定的应达到的标准。企业定额按其反映的内容，主要有原材料消耗定额、燃料和动力消耗定额、工具和模具消耗定额、设备利用定额、工时消耗定额（产量定额）和各项费用（制造费用和期间费用）定额等。企业制定的定额应当既先进又切实可行，并且要随着生产条件、技术水平和管理要求的变化及时修订。

（3）建立和健全计量验收制度。计量验收是对企业各项财产物资的收、发、领、退进行正确的数量计算，并根据技术标准鉴定其质量。

（4）建立和健全内部结算价格制度。内部结算价格是指企业对原材料、自制零部件、半成品和内部各生产单位相互提供的劳务（如修理、运输、动力等）制定的在企业内部各部门、各生产单位之间进行结算的价格。

【练习题】

一、填空题

1. 成本是一个价值范畴，是商品价值中的________部分，是商品生产过程中________价值与________创造的价值之和。

2. 费用是指企业在________中发生的、会导致________减少的、与________无关的________的总流出。

3. 不计入产品、劳务的成本，直接计入企业当期损益的生产经营费用，称为________。

4. 生产费用和产品成本在________上是完全一致的。

5. 成本会计包括________、________、________、________、________、________、________和________等具体内容。

6. 成本会计机构是企业________机构的重要组成部分，其内部各级成本会计机构之间的分工有________和________两种工作方式。

7. 企业组织成本核算、进行成本监督，以及设置成本会计机构和配备成本会计人员等，都应遵循《中华人民共和国会计法》、________、________等法律法规和制度的规定。

8. 企业成本会计的基础工作主要包括建立健全________制度、建立健全________制度、建立健全________制度和建立健全________制度等方面。

二、判断题

1. 成本是企业为生产产品、提供劳务而发生的各种耗费。因此，成本是对象化的生产费用。（　）

2. 成本属于价值范畴，是商品价值的货币表现。（　）

3. 产品生产成本是企业为生产一定种类和数量的产品所发生的各种耗费的总和，不包括销售费用、管理费用和财务费用。（　）

4. 费用是指企业在日常活动中发生的、会导致所有者权益减少的、与向所有者分配利润无关的经济利益的总流出。（　）

5. 期间费用一般应当分配计入当期产品、劳务的成本。（　）

6. 产品成本与生产费用在经济内容上是完全一致的。（　）

7. 企业应当创新产品和服务、节约费用、降低成本、增加利润，把人民对美好生活的向往作为奋斗目标。（　）

8. 为了提高社会效益和经济效益，推动经济实现质的有效提升和量的合理增长，企业必须及时作出正确的生产经营决策。（　）

9. 企业考虑的是降低成本、增加利润、提高经济效益，不是社会效益。（　）

10. 文化企业应当坚持把社会效益放在首位、社会效益和经济效益相统一。（　）

11. 成本会计就是计算成本的会计，不应包括成本计划和成本控制等内容。（　）

12. 成本会计人员应当自觉践行会计人员职业道德规范，做到坚持诚信，守法奉公；坚持准则，守责敬业；坚持学习，守正创新。（　）

13. 成本会计工作制度可以由企业自行制定，不受国家法律、行政法规和规章的约束。（　）

14. 成本会计的基本工作是成本预测工作。（　）

三、单项选择题

1. 成本是产品价值中的（　）部分。

A.C+V+M　　B.C+V　　C.V+M　　D.C+M

2. 构成产品成本的各项耗费，是指企业的（　）。

A. 生产经营费用　　B. 生产费用

C. 生产费用和期间费用　　D. 期间费用

3. 产品成本是相对于一定（　）而言的。

A. 数量和种类的产品　　B. 会计期间

C. 会计主体　　D. 生产类型

4.（　）是成本决策所确定的成本目标的具体化。

A. 成本预测　　B. 成本计划　　C. 成本控制　　D. 成本考核

5. 集中工作方式和分散工作方式是指企业内部（　）的分工方式。

A. 各级成本会计机构　　B. 成本会计职能

C. 成本会计对象　　D. 成本会计任务

6. 社会效益一般是指企业（　）。

A. 产品（劳务）价格高、成本低、盈利高

B. 产品（劳务）品种多、价格低、销量大

C. 产品（劳务）品种对路、供应及时、价格合理、质量好、服务优、成本低、收入高、利润多

D. 给国家物质文明、政治文明、精神文明、社会文明、生态文明带来的综合效益

四、多项选择题

1. 从经济实质看，成本是企业商品生产过程中（　　）之和。

A. 已消耗的生产资料的价值　　B. 劳动者为自己劳动创造的价值

C. 生产资料价值　　D. 劳动者创造的价值

2. 生产经营费用是指（　　）。

A. 生产费用　　B. 产品成本　　C. 成本　　D. 期间费用

3. 费用、成本的作用，主要表现为（　　）。

A. 是补偿企业耗费的尺度　　B. 是反映企业工作质量的综合指标

C. 是制定产品价格的重要依据　　D. 是企业进行决策的重要依据

4. 成本会计的内容主要包括（　　）等方面。

A. 成本预测和成本决策　　B. 成本计划和成本控制

C. 成本核算和成本分析　　D. 成本考核和成本检查

5. 制定企业内部成本会计制度或办法，应当（　　）。

A. 符合《中华人民共和国会计法》的要求

B. 符合企业会计准则和企业产品成本核算制度的要求

C. 适应企业的生产经营活动的特点

D. 满足企业成本管理的要求

6. 成本会计的基础工作主要是指建立健全（　　）。

A. 原始记录制度　　B. 定额管理制度

C. 计量验收制度　　D. 内部结算价格制度

五、简答题

1. 怎样理解成本的含义？
2. 怎样理解社会效益？企业如何做到社会效益和经济效益相统一？
3. 为什么要加强成本会计人员的职业道德教育？
4. 简述生产费用与产品成本的联系和区别。
5. 简述成本的作用。
6. 什么是成本会计？成本会计包括哪些具体内容？
7. 制定企业内部成本会计制度或办法应当符合哪些要求？
8. 成本会计的基础工作包括哪些？

第2章

成本核算的基本要求和一般程序

【重点与难点】

重点：支出、费用、成本的划分方法和成本核算的一般程序。

难点：支出、费用、成本五个方面界限的划分。

1. 成本核算的基本要求

（1）严格生产经营费用的审核和控制，正确划分各种支出的界限。生产经营费用的审核和控制，是指以国家有关法律、行政法规和规章以及企业内部有关财务会计制度和成本费用管理办法等为依据，审核和控制生产经营费用的开支，以确定应计入产品成本的生产费用和应计入当期损益的期间费用的数额。在企业支出中，只有与正常生产经营活动有关的支出才计入产品成本和期间费用。企业应当正确划分应计入产品成本和期间费用的生产经营费用与不应计入产品成本和期间费用的其他各种支出的界限，不得将资本性支出、营业外支出等计入产品成本和期间费用。

（2）正确划分各期费用、成本的界限。对于可以计入费用、成本的支出，应当根据权责发生制原则，正确划分各期费用、成本的界限。企业不得利用长期待摊费用等项目来调节产品成本和期间费用。

（3）正确划分产品成本和期间费用的界限。为了正确计算产品成本和营业损益，应计入产品成本的费用不得列为期间费用；应列作期间费用的支出不得计入产品成本。

（4）正确划分各种产品（各成本核算对象）成本的界限。为了正确计算各种产品（劳务）的成本，对于应当计入本期产品成本的各项费用，还必须在各种产品（各成本计算对象）之间进行划分。

（5）正确划分本期完工产品成本与期末在产品成本的界限。为了正确计算出本期完工产品的实际总成本和单位成本，必须正确划分本期完工产品成本与期末在产品成本的界限。

2. 成本核算的一般程序

（1）合理确定成本核算对象。

（2）根据实际管理需要设置成本中心。

（3）以成本中心为基础，归集、分配和结转成本费用，计算出各成本核算对象的实际总成本和单位成本。

在各个成本核算对象之间分配和归集生产费用，必须注意三点：①分配和归集生产费用必须按成本项目进行。②需要进行分配和归集的只是本期发生的生产费用。③生产费用必须按照受益原则进行分配，能直接计入各成本核算对象的生产费用，应当直接计入；不能直接计入的生产费用，应当按其受益程度的大小分配计入各成本核算对象。

在本期完工产品和期末在产品之间进行生产费用的分配，应当注意两点：①生产费用的分配应当分成本项目进行；②分配的生产费用数额是该对象承担的生产费用合计数（或者称作累计生产费用），即期初在产品成本加上本期发生的生产费用。

【练习题】

一、填空题

1. 生产经营费用的审核和控制，是指正确确定应计入________和________的费用数额。

2. 企业的________支出和________支出等，都应不计入产品成本和期间费用。

3. 正确划分各期费用、成本的界限，主要是按照________原则来确定本期产品成本和期间费用。

4.________应当直接计入当期损益，不得计入产品成本。

5. 由几种产品共同负担的生产费用，应当按照________原则，在各种产品之间进行分配。

6. 为了正确计算本期完工产品成本，必须正确计算________成本。

7. 需要在各成本核算对象之间分配的间接计入费用，是指________发生的生产费用。

8. 需要在本期完工产品和期末在产品之间分配的费用，是指生产费用的合计数，即________加上________。

二、判断题

1. 资本性支出应当计入本期产品成本。（ ）

2. 核算长期待摊费用，体现了权责发生制原则。（ ）

3. 期间费用计入产品成本，可以提高企业的盈利水平。（ ）

4. 企业本期发生的生产费用，都应直接计入各种产品成本。（ ）

5. 正确计算期末在产品成本，是正确计算本期完工产品成本的关键。（ ）

6. 企业必须按照国家有关法律法规、企业会计准则、企业产品成本核算制度和内部财务会计制度的要求，组织成本核算工作。（ ）

7. 期末，企业必须将生产费用合计数在各成本核算对象之间进行分配。（ ）

8. 期末，企业必须按成本项目，将生产费用合计数在本期完工产品和期末在产品之间进行划分。（ ）

9. 企业产品成本核算采用的会计政策和会计估计一经确定，不得随意变更。（ ）

10. 企业一般只设置一个成本中心。（　　）

三、单项选择题

1. 下列支出中，不应计入产品成本的是（　　）。

A. 产品生产用材料　B. 生产单位管理人员的薪酬

C. 从事自制设备工程的人员薪酬　D. 车间生产设备的折旧费

2. 本期支付的应由以后期间负担的费用，应当作为（　　）进行分期摊销，不得直接计入本期成本、费用。

A. 制造费用　B. 管理费用　C. 生产费用　D. 长期待摊费用

3. 应由本期负担的费用如果列作长期待摊费用，则（　　）。

A. 会虚增本期利润　B. 会虚减本期利润

C. 可简化成本计算　D. 可节约费用、成本

4. 不应由本期负担的费用，如果采用预计的方式计入有关费用、成本，则（　　）。

A. 对企业费用、成本没有影响　B. 对企业利润没有影响

C. 会虚增企业费用、成本　D. 会虚减企业费用、成本

5. 需要在各个成本核算对象之间分配的生产费用数额，是指（　　）。

A. 期初在产品成本

B. 本期发生的生产费用

C. 期末在产品成本

D. 期末在产品成本加上本期发生的生产费用

6. 期末如果既有完工产品，又有在产品，企业应将（　　）在本期完工产品和期末在产品之间进行分配。

A. 期初在产品成本

B. 本期发生的生产费用

C. 期初在产品成本加上本期发生的生产费用（累计生产费用）

D. 本期发生的生产费用减去期初在产品成本

7. 正确划分各期费用的界限，必须正确划分（　　）与当期费用、成本的界限。

A. 生产费用　B. 期间费用　C. 营业成本　D. 长期待摊费用

四、多项选择题

1. 下列各项中，不应计入本期费用、成本的有（　　）。

A. 产品生产工人和车间管理人员的工资

B. 购建固定资产、无形资产的支出

C. 专设销售机构支出

D. 捐赠、赞助支出

2. 为了正确划分费用与成本的界限，企业不得（　　）。

A. 将应计入产品成本的生产费用列为期间费用

B. 将制造费用计入产品成本

C. 将期间费用计入产品成本

D. 将生产费用计入产品成本

3. 正确划分各种产品成本的界限，是指（　　）。
A. 能直接计入某种产品成本的生产费用，应当直接计入
B. 不能直接计入某种产品成本的生产费用，应当采用一定标准在各种产品之间分配后再计入
C. 各种费用都应当直接计入该种产品的成本
D. 制造费用应当直接计入产品成本
4. 成本核算的一般程序包括（　　）。
A. 合理确定成本核算对象
B. 根据实际管理需要设置成本中心
C. 期间费用在各个成本核算对象之间进行分配
D. 以成本中心为基础，归集、分配和结转成本费用
5. 生产费用在各个成本核算对象之间的归集和分配，必须注意（　　）。
A. 应按成本项目归集和分配生产费用
B. 归集和分配的只是本期发生的生产费用
C. 归集和分配的原则是"受益原则"
D. 归集和分配的费用包括期间费用
6. 生产费用在本期完工产品和期末在产品之间分配，必须注意（　　）。
A. 生产费用的分配应当分成本项目进行
B. 分配的是生产费用的合计数（期初在产品成本加上本期发生的生产费用）
C. 制造费用全部计入完工产品成本
D. 期间费用全部计入完工产品成本
7. 生产经营费用审核和控制的依据是（　　）。
A. 国家有关法律法规
B. 企业会计准则和企业产品成本核算制度
C. 企业内部有关会计制度和办法
D. 费用发生时有关人员的说明

五、简答题

1. 简述成本核算的基本要求。
2. 简述成本核算的一般程序。
3. 什么是成本核算对象？企业怎样确定成本核算对象？
4. 什么是成本中心？如何设置成本中心？
5. 以成本中心为基础，进行成本费用的归集、分配和结转，应当注意哪些问题？

第3章

生产费用和期间费用的总分类核算

【重点与难点】

重点：生产费用的分类，费用、成本核算的账户设置，总分类核算的一般程序。

难点：生产费用按经济性质和经济用途分类的联系与区别，“生产成本”账户的设置和账户的用途、结构。

1. 生产费用的内容和分类

（1）生产费用按其经济性质分类。生产费用的经济性质，是指构成生产费用项目的费用本身的经济性质。生产费用按经济性质的分类，一般称为成本费用要素。按经济性质分类，工业企业的生产费用一般包括材料费、燃料和动力费、人工费、折旧费、低值易耗品摊销、机物料消耗等成本费用要素。对生产费用按照经济性质分类，可以了解企业生产过程中物化劳动和活劳动的耗费情况，为计算工业增加值等指标提供依据。

（2）生产费用按其经济用途分类。生产费用的经济用途，是指生产费用在生产产品和提供劳务过程中的实际用途。生产费用按经济用途的分类，通常称为成本项目。工业企业产品生产（制造）成本，一般可以分为直接材料、燃料和动力、直接人工和制造费用等成本项目。直接材料、燃料和动力、直接人工等直接费用构成的成本项目，叫作要素费用项目；制造费用等间接费用构成的成本项目，叫作综合费用项目。对生产费用按照经济用途分类，可以了解企业产品成本的构成情况，为考核成本计划的执行情况、寻找降低产品成本的途径提供依据。

（3）生产费用按其计入产品成本的方式，可以分为直接计入费用和间接计入费用。直接计入费用是指为生产某种产品（成本核算对象）而发生的费用。间接计入费用是指几种产品（成本核算对象）共同发生的费用。对生产费用按计入产品成本的方式分类，有利于企业正确计算产品成本。直接计入费用必须根据有关费用的原始凭证直接计入该产品（成本核算对象）成本；间接计入费用则要选择合理的方法分配计入有关产品（成本核算对象）成本。

（4）生产费用按其与产品产量的关系，可以分为变动费用（变动成本）和固定费用

（固定成本）。变动费用是指费用总额随着产品产量（或业务量）的变动而成正比例变动的费用。固定费用是指在一定产量（或业务量）范围内，费用总额相对固定，即费用总额不随产品产量（或业务量）的变动而变动的费用。对生产费用按照与产品产量的依存关系分类，可以为企业寻找降低成本的途径提供资料。

（5）生产费用按其与生产工艺的关系，可以分为基本费用和一般费用。基本费用是指由于生产工艺本身引起的各种费用；一般费用是指企业内部各生产单位（车间、分厂）为组织和管理生产所发生的各项费用。对生产费用按照与生产工艺的关系分类，有助于考察和分析企业的管理水平。企业管理水平愈高，产品成本中一般费用的比重愈低。

2. 期间费用的内容

直接计入当期损益的期间费用按其经济用途，可以分为销售费用、管理费用和财务费用。销售费用，是指企业销售商品和材料、提供劳务的过程中发生的各项费用以及专设销售机构（含销售网点、售后服务网点等）的各项经费。管理费用，是指企业为组织和管理生产经营活动所发生的费用。财务费用，是指企业为筹集生产经营所需资金而发生的筹资费用，包括利息费用、利息收入、汇兑损益以及相关机构的手续费、企业发生的现金折扣或收到的现金折扣等。

3. 生产费用和期间费用核算的账户设置

（1）“生产成本”账户，用来核算企业进行工业性生产发生的各项生产成本。工业性生产包括生产各种产品（包括产成品、自制半成品等）、自制材料、自制工具、自制设备等的生产。企业对外提供劳务发生的成本，应当另行设置“劳务成本”账户组织核算。

“生产成本”账户一般可以按照企业生产单位（成本中心）分设“基本生产成本”和“辅助生产成本”等二级账户。在按照企业生产单位设置生产成本二级账以后，还应按照各个生产单位的成本核算对象设置产品生产成本明细账（产品成本计算单）。按生产单位设置的“基本生产成本”二级账户和按成本核算对象设置的生产成本明细账（产品成本计算单），都应当按成本项目设专栏组织生产费用的核算和产品成本的计算。

“生产成本——基本生产成本”账户，借方登记企业从事基本生产活动的生产单位（成本中心）所发生的直接材料费用、燃料和动力费用、直接人工费用和自“制造费用”账户转入的基本生产单位发生的制造费用；贷方登记结转的基本生产单位完工入库产品成本；期末余额在借方，表示基本生产单位期末尚未完工的在产品成本。

“生产成本——辅助生产成本”账户，借方登记企业从事辅助生产活动的生产单位（成本中心）所发生的各项直接费用和自“制造费用”账户转入的辅助生产单位发生的制造费用；贷方登记结转的辅助生产单位完工入库产品（如自制材料、自制工具等）成本和分配给各受益对象的已完成劳务（如修理服务）成本；期末余额在借方，表示辅助生产单位期末尚未完工的在产品（如自制材料、工具等）成本。

（2）“制造费用”账户，用来核算企业各个生产单位（成本中心）为组织和管理生产所发生的各项间接费用。该账户的借方登记企业各生产单位为组织和管理生产发生的各项间接费用；贷方登记期末分配结转（转入“生产成本”“劳务成本”等账户）的制造费用；除季节性生产企业外，该账户期末结转以后应无余额。“制造费用”账户应当按照企业生产单位设置明细账，并按费用项目设专栏组织明细核算。

（3）“长期待摊费用”账户，用来核算企业已经发生（支出）、摊销期限在1年以上

(不含1年）的各项费用。该账户的借方登记企业发生的各项长期待摊费用；贷方登记分期摊销计入管理费用、销售费用等的数额；期末余额在借方，表示企业已经发生但尚未摊销完毕的长期待摊费用数额。

(4)“销售费用”账户，用来核算企业在销售产品和提供劳务等活动中发生的各项费用以及专设销售机构的各项经费。该账户的借方登记企业本期发生的各项销售费用；期末，应将该账户的余额转入“本年利润”账户，期末结转后该账户应无余额。

(5)“管理费用”账户，用来核算企业行政管理部门为组织和管理生产经营活动所发生的费用。该账户的借方登记企业本期发生的各项管理费用；期末，应将该账户的余额转入“本年利润”账户，期末结转后该账户应无余额。

(6)“财务费用”账户，用来核算企业为筹集生产经营资金所发生的各项费用。该账户的借方登记企业本期发生的各项财务费用；贷方登记企业发生的应冲减财务费用的利息收入、汇兑收益、收到的现金折扣等；期末，应将该账户的余额转入“本年利润”账户，期末结转后该账户应无余额。

4. 生产费用和期间费用总分类核算的一般程序

(1) 登记本期发生的各项费用。

(2) 摊销长期待摊费用。

(3) 分配结转基本生产单位（成本中心）制造费用。

(4) 计算并结转本期完工入库产品成本。

(5) 期末将期间费用转入“本年利润”账户。

上述程序中，前四项为生产费用总分类核算的一般程序；(1)、(2)、(5) 为期间费用总分类核算的一般程序。

【练习题】

一、填空题

1. 生产费用按其经济性质，一般可以分为________、________、________、________、________、________等成本费用要素。

2. 生产费用按其经济用途，一般可以分为________、________、________、________等成本项目。

3. 生产费用按其计入产品成本的方式，可以分为________费用和________费用。

4. 生产费用按其与产品产量的关系，可以分为________费用和________费用。

5. 生产费用按其与生产工艺的关系，可以分为________费用和________费用。

6. 工业企业成本类账户主要有________、________和________等账户；跨期摊配费用类账户主要有________等账户；期间费用类账户主要有________、________和________等账户。

二、判断题

1. 成本项目是指构成产品生产成本的项目，它是生产费用按经济用途的分类。（　）

2. 固定费用（成本）是指产品单位成本中数额相对固定的费用。（　）

3. 直接计入费用是指由产品生产工艺本身引起的各项费用。（　　）

4. 间接计入费用是指企业生产单位发生的各种间接费用。（　　）

5. 变动费用是指其总额随着产品产量（或业务量）的变动而成正比例变动的费用。（　　）

6. “生产成本”明细账应当按照企业确定的成本核算对象分别设置。（　　）

7. “制造费用”明细账应当按照生产单位（成本中心）分别设置。（　　）

8. “长期待摊费用”账户的期末余额在贷方，表示企业尚待摊销的费用。（　　）

9. “管理费用”和“销售费用”账户的结构是相同的。（　　）

10. 季节性生产企业的“管理费用”、“财务费用”和“销售费用”账户期末结转后可能有余额。（　　）

三、单项选择题

1. 生产费用按其经济性质分类，可以分为若干个（　　）。

A. 成本费用要素　B. 成本项目　C. 要素费用　D. 基本费用

2. 成本项目是指生产费用按其（　　）的分类。

A. 经济用途　B. 与产品产量的关系

C. 经济性质　D. 计入产品成本的方式

3. 直接计入费用是指（　　）。

A. 直接列作当期损益的费用

B. 产品生产过程中的直接费用

C. 可以直接计入某种产品（成本核算对象）成本的费用

D. 由于产品生产工艺本身发生的费用

4. 应当按照受益原则分配计入各种产品（成本核算对象）成本的是（　　）。

A. 制造费用中的固定费用部分　B. 生产费用中的间接计入费用

C. 财务费用和管理费用　D. 销售费用中的固定费用部分

5. 制造费用是指生产单位（成本中心）发生的（　　）。

A. 间接费用　B. 间接计入费用　C. 固定费用　D. 基本费用

6. 工业企业“生产成本”账户的期末借方余额表示企业（　　）。

A. 自制半成品成本　B. 尚未加工完成的各项在产品成本

C. 尚待摊销的成本　D. 在产品和自制半成品成本

7. “制造费用”账户（　　）。

A. 期末余额在贷方

B. 不应当有期末余额

C. 除季节性生产企业外，期末应无余额

D. 除季节性生产企业外，期末有借方余额

8. 企业已经支出，但应由本期和以后各期分别负担的分摊期在一年以上的各项费用，应通过（　　）账户核算。

A. “长期待摊费用”　B. “管理费用”

C. “销售费用”　D. “制造费用”

9. 长期待摊费用应当按照费用项目的（　　）分期摊销。

A. 受益对象　　B. 受益期限　　C. 平均期限　　D. 支付期限

10. 如果长期待摊费用所应摊销的费用项目不能再为企业带来利益，应将未摊销的待摊费用的摊余价值（　　）。

A. 全部转入制造费用　　B. 全部转入管理费用

C. 全部转入当期有关成本、费用　　D. 保留在“长期待摊费用”账户中

四、多项选择题

1. 下列项目中，属于生产费用按其经济性质分类（成本费用要素）的项目有（　　）。

A. 材料费　　B. 人工费　　C. 折旧费　　D. 制造费用

2. 下列项目中，属于产品成本项目的有（　　）。

A. 直接材料　　B. 直接人工　　C. 制造费用　　D. 燃料和动力

3. 按照费用计入产品成本的方式，生产费用可以分为（　　）。

A. 直接费用　　B. 直接计入费用

C. 间接费用　　D. 间接计入费用

4. 按照费用与产品产量的关系，生产费用可以分为（　　）。

A. 直接费用　　B. 间接费用　　C. 固定费用　　D. 变动费用

5. 按照费用与产品生产工艺的关系，生产费用可以分为（　　）。

A. 固定费用　　B. 基本费用　　C. 一般费用　　D. 制造费用

6. 企业对应由本期负担的直接计入当期损益的各项费用，可设置（　　）等账户核算。

A. “销售费用”　　B. “长期待摊费用”

C. “管理费用”　　D. “财务费用”

7. 企业产品成本、劳务成本，是通过设置（　　）等账户来组织核算的。

A. “生产成本”　　B. “劳务成本”　　C. “制造费用”　　D. “销售费用”

8. 下列账户中，期末结转后应无余额的账户有（　　）。

A. “管理费用”　　B. “销售费用”　　C. “财务费用”　　D. “长期待摊费用”

9. 生产费用总分类核算的一般程序包括（　　）。

A. 登记本期发生的各项生产费用

B. 分摊长期待摊费用

C. 分配结转基本生产单位的制造费用

D. 计算并结转完工入库产品成本

10. 期间费用总分类核算的一般程序包括（　　）。

A. 登记本期发生的各项期间费用

B. 分摊长期待摊费用

C. 期末将期间费用转入“本年利润”账户

D. 期末计算并结转完工入库产品成本

五、简答题

1. 生产费用按其经济性质，一般可以分为哪几个成本费用要素？

2. 生产费用按其经济用途，一般可以分为哪几个成本项目？
3. 生产费用按其与产品产量的关系，一般可以分为哪几类？
4. 生产费用按其计入产品成本的方式，一般可以分为哪几类？
5. “生产成本”账户如何设置明细账？
6. “制造费用”账户如何设置明细账？
7. 简述生产费用总分类核算的一般程序。
8. 简述期间费用总分类核算的一般程序。

第4章 要素费用的核算

【重点与难点】

重点：要素费用的计量（归集）方法，要素费用分配的定额耗用量比例分配法、系数分配法和生产工时分配法，分配结转要素费用的账务处理方法。

难点：要素费用分配标准的选择和账务处理方法。

1. 直接材料费用的计算

产品成本中的直接材料费用，是指企业为生产产品直接投入的原料及主要材料和辅助材料等。

（1）消耗材料数量的计算。消耗材料数量的计算有连续记录法和盘存计算法两种方法。

连续记录法，也叫作永续盘存制，是指每次收入、发出材料时，都根据有关收发材料的原始凭证将材料收入和发出（消耗）的数量记入材料明细账，材料消耗的数量是根据发出材料的原始凭证确定的，在材料明细账中能够随时计算出材料结存数量。连续记录法能够正确计算生产过程中材料的消耗数量。企业应当建立健全原始记录和计量验收制度，严格材料收入和发出的凭证手续，保证材料消耗数量的真实性。

盘存计算法，也叫作实地盘存制，是指每次材料发出时都不进行记录，材料消耗（发出）数量是根据期末实地盘点确定结存数量后倒挤出来的。采用盘存计算法计算的材料消耗量是不准确的，材料被盗、损坏、丢失等也会被计算在材料消耗量中。因为盘存计算法不利于加强管理、堵塞漏洞，企业一般不能采用这种方法计算材料消耗量。

（2）消耗材料价格的计算。采用实际成本计价组织材料核算时，消耗材料的实际价格（实际成本）的计算有先进先出法、加权平均法和个别计价法等方法。采用计划成本计价组织材料核算时，消耗材料的实际成本等于材料计划成本加上应分摊的材料成本差异，分摊的材料成本差异为超支差异（实际成本大于计划成本）时与计划成本相加，分摊的材料成本差异为节约差异（实际成本小于计划成本）时与计划成本抵减（即加上一个负数）。

2. 材料、燃料和外购动力费用的分配

(1) 费用分配表的构成要素。各种形式的费用分配表都包括受益对象（如甲、乙、丙三种产品)、分配标准（如产品重量、定额消耗总量、生产工人工时等)、分配率和分配金额四个要素。生产费用分配的“受益原则”主要体现在分配标准的选择上，分配标准应与费用受益程度存在直接因果关系。确定分配标准后，以应分配费用总额除以分配标准的总量（总额）即求得费用分配率。某受益对象应分配费用数额，是以该受益对象的分配标准的数量或数额（如产品重量、定额消耗总量、定额总成本、标准总产量或总系数、生产总工时、机器总工时等）乘上费用分配率求得的。

(2) 费用分配方法。由于分配标准的重要性，费用分配方法都是以其分配标准命名的。

①重量分配法，是指以各种产品的重量为标准来分配材料费用的方法。如果企业生产的几种产品共同耗用同种材料，耗用量的多少与产品重量又有直接联系，可以选用重量分配法。

②定额耗用量分配法，是指以各种产品的材料消耗总定额为标准分配直接材料费用的方法。这里的材料消耗总定额，可以是材料定额耗用总量，也可以是材料定额总成本。采用定额耗用量分配法，要求企业制定有比较先进和合理的材料消耗定额。

③系数分配法，是指将各种产品的实际产量按照预定的折合系数折算为标准产量，以标准总产量（总系数）为分配标准来分配直接材料费用的方法。这种方法的分配标准为标准总产量，因此也称为标准产量分配法。

④生产工人工时分配法，是指以各种产品生产工人工时为标准来分配费用的方法。在直接材料、燃料和动力项目中，这一方法只用于分配动力费用。当产品生产过程以机器加工为主时，采用机器工时分配法来分配动力费用比较合理。如果以机器工时为分配标准，则为机器工时分配法。

3. 直接人工费用的计算和分配

(1) 直接人工费用是指直接从事产品生产人员的各种形式的报酬及各项附加费用。职工薪酬是指企业为获得职工提供的服务或解除劳动关系而给予的各种形式的报酬或补偿，包括短期薪酬、离职后福利、辞退福利和其他长期职工福利。短期薪酬包括职工工资、奖金、津贴和补贴，职工福利费，医疗保险费、工伤保险费和生育保险费，住房公积金，工会经费，职工教育经费，短期带薪缺勤，短期利润分享计划，非货币性福利等；离职后福利包括养老保险费、失业保险费等。产品成本中的直接人工费用，不包括辞退福利和其他长期职工福利。

(2) 直接人工费用的分配。采用计件工资形式支付的产品生产工人工资和其他薪酬，一般可以直接计入所生产产品的成本，不需要在各成本核算对象之间进行分配。采用计时工资形式支付的工资和其他薪酬，如果生产车间（班组）或工人只生产一种产品，可以直接计入该种产品成本；如果生产多种产品，则需要选用合理的分配方法在各成本核算对象之间进行分配。直接人工费用的分配方法有生产工人工时分配法、直接材料成本分配法和系数分配法等。直接材料成本分配法的分配标准是受益对象的直接材料成本，只适用于产品材料成本比重较大且职工薪酬的发生与材料成本的多少直接相关的情况；系数分配法主要适用于同类产品中不同规格、型号的产品之间费用的分配；生产工人工时分配法的分配标准是产品生产工人实际工时，职工薪酬的分配一般采用这种方法，因为生产工人工时的多少与职工薪酬的多少直接相关。

4. 分配结转要素费用的账务处理

根据一定的分配标准对要素费用进行分配，确定各受益对象（成本核算对象）应负担的要素费用以后，应当编制会计分录，将生产费用记入各成本核算对象的生产成本明细账。分配结转要素费用账务处理的依据是“发出材料汇总表”“应付动力费汇总表”“应付职工薪酬汇总表”，以及“直接材料费用分配表”“外购动力费用分配表”“直接人工费用分配表”等要素费用分配表。

企业领用的材料、燃料和支付（应付）的外购动力费，属于产品生产直接消耗的原材料、燃料和动力费用，分别记入生产成本中的“直接材料” 或“燃料和动力”成本项目；产品生产工人的薪酬记入生产成本中的“直接人工” 成本项目；基本生产车间管理部门的机物料消耗、水电费、职工薪酬等记入“制造费用”账户；辅助生产车间产品生产和劳务供应直接发生的材料消耗、水电费、职工薪酬等记入“生产成本——辅助生产成本”账户；企业管理部门的材料消耗、水电费、职工薪酬等记入“管理费用”账户；专设销售机构人员的薪酬、物料消耗、水电费等记入“销售费用”账户；固定资产建造等工程的材料消耗、水电费、职工薪酬等记入“在建工程”账户。

【练习题】

一、填空题

1. 消耗材料数量的确定有两种方法，一是________，二是________；企业一般应当采用________来确定消耗材料的数量。

2. 采用实际成本计价组织材料核算时，消耗材料实际成本的计算方法有________、________、________等。

3. 采用加权平均法确定消耗材料的价格，包括________和________两种方法。

4. 直接材料和燃料费用的分配方法主要有________、________、________等。

5. 外购动力费用的分配方法主要有________、________等。

6. 直接人工费用的分配方法，主要有________、________、________等。

二、判断题

1. 采用实地盘存制，能够比较准确地确定消耗材料的数量。 （ ）

2. 采用永续盘存制，消耗材料的数量是根据领用材料的原始凭证确定的。 （ ）

3. 采用计划成本计价组织材料的核算时，消耗材料也应按计划成本计价。 （ ）

4. 直接材料和燃料费用的分配，较多地采用生产工人工时分配法或机器工时分配法。 （ ）

5. 定额耗用量分配法的分配标准是单位产品的消耗定额。 （ ）

6. 采用计件工资制时，产品生产工人的人工费用属于直接计入费用。 （ ）

7. 采用“直接材料成本分配法”分配直接人工费用，分配结果最为准确。 （ ）

8. 产品生产工人的工资和其他薪酬，可以合并记入“直接人工”成本项目。 （ ）

三、单项选择题

1. 确定消耗材料的数量，一般应采用（　　）。

A. 连续记录法　B. 加权平均法　C. 盘存计算法　D. 移动平均法

2. 下列单据中，不应作为记录材料消耗数量原始依据的是（　　）。

A. 领料单　B. 限额领料单　C. 退料单　D. 账存实存对比单

3. 下列计价方法中，不属于消耗材料计价方法的是（　　）。

A. 先进先出法　B. 定额成本法　C. 个别计价法　D. 加权平均法

4. 下列分配方法中，不宜作为直接材料费用分配方法的是（　　）。

A. 重量分配法　B. 生产工人工时分配法

C. 系数分配法　D. 定额耗用量分配法

5. 下列各项中，不记入"直接人工"成本项目的是（　　）。

A. 产品生产工人工资

B. 车间管理人员工资

C. 按产品生产工人工资计提的社会保险费等附加费用

D. 产品生产工人的奖金

6. 分配结转外购动力费用时，会计分录贷方中不可能出现的账户是（　　）。

A. "银行存款"　B. "应收账款"　C. "应付账款"　D. "预付账款"

四、多项选择题

1. 下列各项中，包括在"直接材料"成本项目中的有（　　）。

A. 产品生产过程中直接消耗的原材料

B. 产品生产过程中直接消耗的外购半成品

C. 产品生产过程中直接消耗的自制半成品

D. 产品销售过程中领用的包装物

2. 记录材料消耗数量的原始凭证主要有（　　）等。

A. 领料登记表　B. 退料单　C. 限额领料单　D. 领料单

3. 采用实际成本计价组织材料核算时，消耗材料价格的确定方法有（　　）等。

A. 先进先出法　B. 加权平均法　C. 个别计价法　D. 计划成本法

4. 外购动力费用的分配方法主要有（　　）等。

A. 定额耗用量分配法　B. 生产工人工时分配法

C. 机器工时分配法　D. 标准产量分配法

5. "直接人工"成本项目包括的内容主要有（　　）。

A. 产品生产工人的计时工资和计件工资

B. 产品生产工人的奖金、津贴和补贴

C. 产品生产工人加班工资

D. 产品生产工人的社会保险费、福利费、职工教育经费、工会经费、住房公积金等

6. 根据"应付职工薪酬汇总表"和"直接人工费用分配表"等进行分配结转薪酬费用的账务处理时，会计分录中对应的借方账户主要有（　　）等。

A. "生产成本"　B. "制造费用"　C. "管理费用"　D. "财务费用"

五、简答题

1. 如何选择直接材料费用的分配方法？
2. 如何选择外购动力费用的分配方法？
3. 如何选择直接人工费用的分配方法？
4. 分配结转直接材料、燃料费用，如何编制会计分录？
5. 分配结转外购动力费用，如何编制会计分录？
6. 分配结转直接人工费用，如何编制会计分录？

【实务训练】

实训一：直接材料费用分配的重量分配法

［资料］青山工厂大量生产甲、乙、丙三种产品，单位净重分别为 2 500 千克、4 500 千克、3 000 千克，均由 A 材料构成产品实体，20××年 3 月共同耗用 A 材料 200 000 元。

［要求］采用重量分配法分配计算三种产品各自应负担的 A 材料费用，完成材料费用分配表（见表 4-1）。

表 4-1　材料费用分配表（重量分配法）

材料名称：A 材料　　20××年 3 月　　金额单位：元

产品	产品净重（千克）	分配率	分配金额
甲产品			
乙产品			
丙产品			
合计			

实训二：直接材料费用分配的定额耗用量分配法

［资料］青园工厂生产甲、乙、丙三种产品。20××年 3 月三种产品共同耗用 B 材料 16 800 千克，每千克 12.5 元，总金额为 210 000 元。三种产品本月投产量分别为 2 000 件、1 600 件和 1 200 件，B 材料消耗定额分别为 3 千克/件、2.5 千克/件和 5 千克/件。

［要求］采用定额耗用量分配法分配 B 材料费用，完成材料费用分配表（见表 4-2）。

表 4-2　材料费用分配表（定额耗用量分配法）

材料名称：B 材料　　20××年 3 月　　金额单位：元

产品名称	产品投产量（件）	单位定额（千克/件）	定额消耗总量（千克）	分配率	实际消耗总量（千克）	分配率	应分配材料费用
甲产品							
乙产品							
丙产品							
合计							

实训三：直接材料费用分配的系数分配法

［资料］青海工厂生产 801、802、803、804 和 805 五种产品，单位产品 C 材料消耗定额分别为 30 元、27.5 元、25 元、20 元、17.5 元。20××年 3 月五种产品共同耗用 C 材料 59 850 元，五种产品实际产量分别为 400 件、500 件、1 000 件、200 件、160 件。

［要求］以 803 产品为标准产品，采用系数分配法分配 C 材料费用，完成材料费用分配表（见表 4-3）。

表 4-3 材料费用分配表（系数分配法）

材料名称：C 材料　　20××年 3 月　　金额单位：元

产品名称	单位产品消耗定额	系数	实际产量（件）	标准产量（总系数）	费用分配率	应分配材料费用
801						
802						
803						
804						
805						
合计						

实训四：分配结转直接材料费用的账务处理

［资料］青园工厂生产甲、乙、丙三种产品。根据该厂 20××年 3 月份耗用材料汇总表记录的资料，本月实际消耗 B 材料 219 000 元，其中，产品生产直接消耗 210 000 元，车间一般消耗 3 000 元，厂部管理部门消耗 6 000 元。产品生产耗用的材料在甲、乙、丙三种产品之间的分配见表 4-2。

［要求］编制分配结转本月耗用 B 材料费用的会计分录。

实训五：外购动力费用分配的生产工人工时分配法

［资料］青园工厂生产甲、乙、丙三种产品。20××年 3 月应付市供电公司电费 36 000 元，其中，产品生产用电 30 000 元，车间管理部门用电 2 000 元，厂部管理部门用电 4 000 元。本月甲、乙、丙三种产品的实际生产工人工时分别为 8 000 小时、4 000 小时、3 000 小时。

［要求］（1）采用生产工人工时分配法分配外购电费，完成外购电费分配表（见表 4-4）。

表 4-4 外购电费分配表（生产工人工时分配法）

20××年 3 月　　金额单位：元

产品	生产工人工时（小时）	分配率	分配金额
甲产品			
乙产品			
丙产品			
合计			

（2）编制分配结转本月应付电费的会计分录。

实训六：直接人工费用的归集和分配

［资料］青园工厂生产甲、乙、丙三种产品。20××年 3 月三种产品的实际生产工人工时分别为 8 000 小时、4 000 小时和 3 000 小时；应付职工工资总额为 100 000 元，其中，产品生产工人工资 82 500 元，车间管理人员工资 4 500 元，厂部管理人员工资 13 000 元。根据有关规定，职工医疗保险费、工伤保险费、生育保险费、养老保险费、失业保险费等社会保险费计提比例分别为职工工资总额的 6%、0.4%、0.4%、14% 和 1%；住房公积金计提比例为职工工资总额的 8%；工会经费和职工教育经费计提比例分别为职工工资总额的 2% 和 8%；职工福利费按照实际发生额计入相关资产成本或者当期损益，本月职工福利费实际发生额为 6 000 元，其中，产品生产工人 4 950 元，车间管理人员 270 元，厂部管理人员 780 元。

［要求］（1）计算本月应计提的医疗保险费、工伤保险费、生育保险费、养老保险费、失业保险费、住房公积金、工会经费、职工教育经费，编制应付职工薪酬汇总表（见表 4–5）。

表 4–5　应付职工薪酬汇总表

20××年 3 月　　金额单位：元

项　目	产品生产工人	车间管理人员	厂部管理人员	合　计
一、短期薪酬				
1. 工资总额				
2. 职工福利费				
3. 医疗保险费				
4. 工伤保险费				
5. 生育保险费				
6. 住房公积金				
7. 工会经费				
8. 职工教育经费				
小　计				
二、离职后福利				
1. 养老保险费				
2. 失业保险费				
小　计				
合　计				

（2）采用生产工人工时分配法编制本月直接人工费用分配表（见表 4–6）。

表4-6　直接人工费用分配表（生产工人工时分配法）

20××年3月　金额单位：元

产品名称	生产工人工时（小时）	分配率	分配金额
甲产品			
乙产品			
丙产品			
合　计			

（3）编制分配结转本月应付职工薪酬的会计分录。

第5章

辅助生产费用的核算

【重点与难点】

重点：辅助生产的特点和辅助生产费用的分配方法。

难点：辅助生产账户的设置和辅助生产费用分配的一次交互分配法、顺序分配法、代数分配法、计划成本分配法。

1. 辅助生产费用核算的账户设置

（1）生产成本明细账的设置。辅助生产单位发生的费用，可以通过在“生产成本”账户中设置“辅助生产成本”二级账户来归集，辅助生产成本二级账户按各辅助生产单位分别设置；同时按照辅助生产单位的成本核算对象（即产品和劳务的种类）开设“生产成本明细账”（“产品成本计算单”），归集辅助生产费用，计算辅助生产单位各种产品（劳务）的实际总成本和单位成本。辅助生产成本二级账户及所属的产品生产成本明细账，都应当按企业确定的辅助生产单位产品（劳务）的成本项目设专栏，组织辅助生产费用的明细核算和辅助生产单位产品和劳务成本的计算。

（2）制造费用明细账的设置。辅助生产单位发生的制造费用有两种归集方法：一是在“制造费用”总分类账户下按辅助生产单位设置制造费用明细账，归集辅助生产单位发生的制造费用，月末再分配转入辅助生产成本明细账；二是直接记入或分配记入辅助生产成本明细账，不设置辅助生产单位的制造费用明细账。在一般情况下，辅助生产单位的制造费用应当先通过按辅助生产单位设置的制造费用明细账归集。

2. 辅助生产成本结转的特点

（1）需要验收入库的辅助生产单位产品成本的结转。辅助生产单位提供自制材料和包装物、自制工具和模具等产品时，应当以各种产品的品种作为成本核算对象；辅助生产单位当月发生的各项费用，应当直接记入或在各成本核算对象之间分配后记入各种产品生产成本明细账；记入辅助生产单位产品生产成本明细账的生产费用合计数，应当在本期完工产品和期末在产品之间分配，计算出辅助生产单位本期完工产品的实际总成本和单位成本。辅助生产单位完工入库的自制材料和包装物、自制工具和模具等产品的实际总成本，应当从“生产成本——辅助生产成本”账户的贷方，转入“原材料”、“周转材料”（或“包装物”和“低值易耗品”）等账户的借方。月末结转辅助生产单位本月完工入库产品成本以后，辅助生产成本二级账及其所属明细账如果还有余额，就是该辅助生产单位的期末在产品成本。

（2）需要分配给各受益对象的辅助生产单位产品（劳务）成本的结转。辅助生产单位提供水、电、气等不需入库的产品和提供修理、运输等劳务时，也应当以各种产品和劳务作为成本核算对象；辅助生产单位当月发生的各项费用，应当直接记入或在各成本核算对象之间分配以后，记入各种产品和劳务的生产成本明细账。记入辅助生产单位各种产品和劳务生产成本明细账中的各项生产费用之和就是该种产品或劳务的实际总成本，月末应当采用一定方法在接受产品和劳务的各受益对象之间分配，转入各受益对象的成本、费用。

各个受益对象应负担的辅助生产费用（即辅助生产单位产品和劳务的成本），应从“生产成本——辅助生产成本”账户的贷方，分别转入“生产成本——基本生产成本”等账户的借方。其中，基本生产单位产品生产直接消耗的水、电、气等的成本，转入“生产成本——基本生产成本”账户；基本生产单位管理部门消耗的水、电、气和接受运输等劳务的成本，转入“制造费用——基本生产单位”账户；企业管理部门消耗的水、电、气和接受修理、运输等劳务的成本，转入“管理费用”账户；企业专设销售机构消耗的水、电、气和接受修理、运输等劳务的成本，转入“销售费用”账户；为企业外部客户提供的水、电、气和修理、运输等劳务的成本，转入“主营业务成本”（或“其他业务成本”）等账户；为企业固定资产建造、安装等工程提供的水、电、气和修理、运输等劳务的成本，转入“在建工程”账户。期末进行辅助生产单位产品和劳务成本结转（费用分配）以后，辅助生产成本明细账户应无余额。

3. 辅助生产费用的分配方法

（1）直接分配法，是指将辅助生产单位发生的费用（产品或劳务的总成本）直接分配给辅助生产单位以外的受益对象的方法。采用直接分配法，分配结转比较简单，但由于各辅助生产单位之间相互提供的产品或劳务没有相互分配费用，如果各辅助生产单位之间相互提供的产品或劳务成本差额较大，会影响分配结果的准确性。

（2）一次交互分配法，是先根据各辅助生产单位相互提供的产品或劳务的数量和费用分配率（单位成本）在各辅助生产单位之间交互分配，再将交互分配后辅助生产单位的全部应分配费用（即交互分配前的待分配费用，加上交互分配转入的应负担费用，减去交互分配转出的费用），按照提供劳务的数量在辅助生产单位以外的各受益对象之间分配。采用一次交互分配法，辅助生产单位之间相互提供产品或劳务进行了交互分配（即相互分配了费用），提高了费用分配结果的正确性，但由于在分配费用时要计算交互分配和对外分配两个费用分配率，进行两次分配，增加了分配计算的工作量。

（3）顺序分配法，是指按照辅助生产单位受益多少的顺序分配费用，受益少的先分配，受益多的后分配，先分配的辅助生产单位不负担后分配的辅助生产单位费用的方法。顺序分配法计算简便，计算结果的准确性不高。

（4）代数分配法，是指先运用数学上解联立方程的原理计算出辅助生产单位产品或劳务的实际单位成本，再按照产品或劳务的实际供应量和实际单位成本，在各个受益对象之间分配辅助生产费用的方法。采用代数分配法通过数学方法来求得辅助生产单位产品或劳务实际单位成本，分配结果最为准确。

（5）计划成本分配法，是指先按辅助生产单位产品或劳务的计划单位成本和实际供应量，在各受益对象（包括各辅助生产单位在内）之间分配生产费用，再计算和分配辅助生产单位产品或劳务的成本差异的方法。辅助生产单位产品或劳务的成本差异，是指辅助生产单位实际发生的费用（待分配费用加上辅助生产单位之间按计划成本分配转入的费用）与按计划单位成本分配转出费用的差额。为了简化计算，成本差异一般全部计入管理费用。采用计划成本分配法，简化和加速了成本计算和分配工作，也便于考核和分析各受益单位和部门的经济责任。

辅助生产费用不管采用何种分配方法，分配结转后辅助生产成本明细账应无余额；对外分配金额的合计数，总是等于分配前各辅助生产单位的待分配费用总额。

【练习题】

一、填空题

1. 期末结转辅助生产单位本期完工入库产品成本以后，辅助生产成本明细账如果还有余额，即为该辅助生产单位的________。

2. 提供水、电、气和修理、运输等产品或劳务的辅助生产单位，月末分配结转辅助生产费用以后，辅助生产成本明细账户________。

3. 辅助生产费用的分配方法主要有________、________、________、________、________等。

4. 辅助生产费用的分配方法中，便于考核和分析辅助生产成本计划执行情况的分配方法是________。

5. 辅助生产费用的分配方法中，分配结果最为准确的是________。

二、判断题

1. 辅助生产单位发生的制造费用，都应当直接记入辅助生产成本明细账。　（　）

2. 企业辅助生产成本明细账均应无余额。　（　）

3. 采用直接分配法，辅助生产单位之间相互提供的劳务，不相互分配费用。　（　）

4. 采用一次交互分配法，交互分配以后各辅助生产单位的待分配费用，应分配给全部受益对象。　（　）

5. 采用计划成本分配法，辅助生产的成本差异一般可以全部计入管理费用。　（　）

三、单项选择题

1. 下列辅助生产费用分配方法中，不在辅助生产单位之间分配费用的是（　）。

A. 直接分配法　　B. 一次交互分配法
C. 顺序分配法　　D. 计划成本分配法

2. 提供水、电、气等产品的辅助生产单位，在各受益对象之间分配的辅助生产费用，是指该生产单位（　）。

A. 本期发生的费用　　B. 期初在产品成本
C. 期末在产品成本　　D. 生产费用合计数

3. 下列辅助生产费用分配方法中，分配结果最为准确的是（　　）。

A. 顺序分配法　　B. 一次交互分配法

C. 代数分配法　　D. 计划成本分配法

4. 下列辅助生产成本明细账中，可能有期末余额的是（　　）。

A. 自制材料、自制工具和模具生产成本明细账

B. 供水、供电车间生产成本明细账

C. 运输车间生产成本明细账

D. 修理车间生产成本明细账

四、多项选择题

1. 辅助生产成本明细账账户余额的特点有（　　）。

A. 如果为自制材料和包装物、自制工具和模具等产品的生产成本明细账，结转完工入库产品成本后，期末借方余额为期末在产品成本

B. 如果为生产产品的成本明细账，期末分配给各受益对象后，应有贷方余额

C. 如果为供水、供电、供气、机修、运输等产品和劳务的生产成本明细账，期末分配给各受益对象以后，应无余额

D. 各种辅助生产成本明细账，一般应有期末借方余额

2. 辅助生产费用的分配方法有（　　）。

A. 直接分配法　　B. 一次交互分配法　　C. 代数分配法

D. 计划成本分配法　　E. 顺序分配法

3. 采用计划成本分配法，辅助生产成本差异的分配方式有（　　）等两种，在实际工作中，为简化核算，一般可选用（　　）的方式。

A. 全部计入管理费用

B. 全部计入制造费用

C. 分配给辅助生产单位以外的受益对象

D. 分配给全部受益对象

4. 下列辅助生产费用分配方法中，考虑了辅助生产单位之间交互分配费用的有（　　）。

A. 直接分配法　　B. 一次交互分配法　　C. 代数分配法　　D. 计划成本分配法

5. 采用顺序分配法，下列说法中正确的有（　　）。

A. 按照辅助生产单位受益多少的顺序分配费用

B. 受益少的先分配，受益多的后分配

C. 先分配的负担后分配的辅助生产单位的费用

D. 先分配的不负担后分配的辅助生产单位的费用

6. 采用代数分配法分配辅助生产费用时，分配结转辅助生产费用的会计分录中对应的借方账户主要有（　　）等。

A. “生产成本——辅助生产成本”　　B. “生产成本——基本生产成本”

C. “制造费用”　　D. “管理费用”

五、简答题

1. 简述辅助生产成本结转的特点。

2. 辅助生产费用分配的方法有哪些？各适用于哪些情况？
3. 结转辅助生产单位完工入库产品成本，如何编制会计分录？
4. 什么是顺序分配法？顺序分配法有何特点？
5. 采用计划成本分配法将辅助生产费用分配给各受益对象，如何编制会计分录？

【实务训练】

实训一：辅助生产成本的结转方法

［资料］青源工厂辅助生产车间本月自制包装物一批，加工过程中领用原材料 12 000 元，应负担生产工人薪酬 4 560 元，应负担（分配）制造费用 3 000 元。该批包装物本月已全部完工验收入库（该厂设置“周转材料——包装物”账户）。

［要求］（1）编制登记本月自制包装物发生生产费用的会计分录。

（2）编制结转本月完工入库自制包装物成本的会计分录。

实训二：辅助生产费用分配的直接分配法

［资料］青山工厂设有供电和供水两个辅助生产车间。20××年 3 月，在分配费用前，供电车间待分配的生产费用为 29 120 元，供水车间待分配的生产费用为 26 880 元。本月供电车间供电 88 000 度，其中，供水车间耗用 8 000 度，产品生产耗用 60 000 度，基本生产车间照明耗用 6 000 度，厂部管理部门耗用 14 000 度。本月供水车间供水 42 400 吨，其中，供电车间耗用 2 400 吨，基本生产车间耗用 30 000 吨，厂部管理部门耗用 10 000 吨。

［要求］（1）采用直接分配法分配辅助生产费用，完成辅助生产费用分配表（见表 5-1）。

表 5-1 辅助生产费用分配表（直接分配法）

20××年 3 月　　金额单位：元

项　目	分配电费		分配水费	
	数量（度）	金额	数量（吨）	金额
待分配费用				
劳务供应总量				
费用分配率				
受益单位和部门：				
供电车间				
供水车间				
产品生产				
车间管理部门				
厂部管理部门				
合　计				

（2）编制分配结转辅助生产费用的会计分录。

实训三：辅助生产费用分配的一次交互分配法

［资料］同实训二。

[要求]（1）采用一次交互分配法分配辅助生产费用，完成辅助生产费用分配表（见表5-2）。

表5-2　**辅助生产费用分配表（一次交互分配法）**

20××年3月　金额单位：元

项目	交互分配				对外分配			
	分配电费		分配水费		分配电费		分配水费	
	数量（度）	金额	数量（吨）	金额	数量（度）	金额	数量（吨）	金额
待分配费用								
劳务供应总量								
费用分配率								
受益单位和部门：								
供电车间								
供水车间								
产品生产								
车间管理部门								
厂部管理部门								
合　计								

（2）编制分配结转辅助生产费用的会计分录。

实训四：辅助生产费用分配的顺序分配法

[资料] 同实训二。

[要求]（1）按照先供电车间后供水车间的顺序，采用顺序分配法分配辅助生产费用，完成辅助生产费用分配表（见表5-3）。

表5-3　**辅助生产费用分配表（顺序分配法）**

20××年3月　金额单位：元

项　目	供电车间费用分配		供水车间费用分配	
	数量（度）	金额	数量（吨）	金额
待分配费用				
劳务供应总量				
费用分配率				
受益单位和部门：				
供电车间				
供水车间				
产品生产				
车间管理部门				
厂部管理部门				
合　计				

（2）编制分配结转辅助生产费用的会计分录。

实训五：辅助生产费用分配的代数分配法

［资料］同实训二。

［要求］（1）采用代数分配法分配辅助生产费用，完成辅助生产费用分配表（见表5-4）。

表5-4　　辅助生产费用分配表（代数分配法）

20××年3月　　金额单位：元

项目	分配电费		分配水费	
	数量（度）	金额	数量（吨）	金额
待分配费用				
劳务供应总量				
费用分配率				
受益单位和部门：				
供电车间				
供水车间				
产品生产				
车间管理部门				
厂部管理部门				
合　计				

（2）编制分配结转辅助生产费用的会计分录。

实训六：辅助生产费用分配的计划成本分配法

［资料］青山工厂辅助生产车间本月发生生产费用和劳务供应总量资料同实训二。该厂每度电的计划成本为0.35元，供水车间每吨水的计划成本为0.692元。该厂辅助生产单位的成本差异全部计入管理费用。

［要求］（1）采用计划成本分配法分配辅助生产费用，完成辅助生产费用分配表（见表5-5）。

表5-5　　辅助生产费用分配表（计划成本分配法）

20××年3月　　金额单位：元

项目	按计划成本分配				成本差异分配	
	分配电费		分配水费		电费	水费
	数量（度）	金额	数量（吨）	金额		
待分配费用						
劳务供应总量						
计划单位成本						

续表

项目	按计划成本分配				成本差异分配	
	分配电费		分配水费		电费	水费
	数量（度）	金额	数量（吨）	金额		
受益单位和部门：						
供电车间						
供水车间						
产品生产						
车间管理部门						
厂部管理部门						
合　计						

（2）编制分配结转辅助生产费用的会计分录。

第6章

损失性费用的核算

【重点与难点】

重点：废品损失和停工损失的内容（含义）及其处理（分配）方法。

难点：应计入废品损失和停工损失的费用的确认；不可修复废品生产成本的确定；废品损失和停工损失的处理（分配）方法。

1. 损失性费用的含义

（1）损失性费用，是指企业由于生产组织不合理、经营和管理不善、生产工人未执行技术操作规程等种种原因造成的人力、物力、财力上的损失，主要包括废品损失、停工损失，以及存货盘亏和毁损等。

（2）废品，是指质量不符合规定的标准或技术条件，不能按原定用途加以利用，或者需要加工修复后才能利用的产成品、自制半成品和零部件等。

废品按其消除缺陷的技术可能性和经济合理性，可以分为可修复废品和不可修复废品。可修复废品是指技术上可以修复，并且支付修复费用在经济上合算的废品；不可修复废品是指在技术上不能修复，或者支付修复费用在经济上不合算的废品。

废品按其产生原因，可以分为工废品和料废品。工废品是指由于生产工人的操作造成的废品；料废品是指由于被加工的原材料、半成品和零部件质量不符合要求造成的废品。

（3）废品损失，是指企业因产生废品而造成的损失，包括可修复废品的修复费用和不可修复废品的生产成本（扣除回收的废品残料价值和过失单位或个人的赔款）。

经过质量检验部门鉴定不需要返修就可以降价出售的不合格品，应与合格品同等计算成本，其降价损失体现为销售损益，不作为废品损失处理。产成品入库以后，由于保管不善、运输不当造成的毁损，以及实行产品包退、包修、包换（“三包”）的企业在产品出售以后发现废品所发生的一切损失，应当将处置收入扣除账面价值和相关税费后的金额计入当期损益，也不作为废品损失处理。

（4）停工损失，是指企业生产单位（分厂、车间或车间内某个班组）在停工期间发生的各项费用，包括停工期间发生的燃料及动力费、损失的材料费用、应支付的生产工人薪酬和应负担的制造费用等。

为了简化计算，生产单位不满一个工作日的停工，一般可以不计算停工损失。机器设备大修理期间和季节性生产企业在停工期间发生的费用计入制造费用，由开工期间的生产成本负担，不作为停工损失。

2. 废品损失的归集和分配

（1）“废品损失”账户。需要核算废品损失的企业，应当设置“废品损失”账户。该账户的借方登记可修复废品的修复费用和不可修复废品的生产成本；贷方登记回收废品的残料价值和过失单位或个人的赔款；月末，应将废品损失净额由该账户的贷方转入“生产成本”账户的借方，由当月合格产品成本负担；月末将废品损失转入生产成本以后，“废品损失”账户应无余额。“废品损失”账户应当分生产单位按产品品种设置明细账，组织废品损失的明细核算。废品损失明细账应按成本项目设专栏，以反映废品损失的构成。

（2）废品损失的计算。计算废品损失的原始凭证主要是“废品通知单”。只有经过审核无误的“废品通知单”，才能作为核算废品损失的原始凭证。

①可修复废品修复费用的计算。可修复废品的修复费用包括直接材料、燃料和动力、直接人工和应负担的制造费用等。材料和燃料费用一般可以根据有关领料凭证直接确定；动力和人工费用有的可以直接确定，有的需要根据修复废品实际消耗的工时和小时动力费用率、小时人工费用率计算确定；应负担的制造费用不能直接确定，一般可以根据修复废品实际消耗的工时和小时制造费用率计算确定。

②不可修复废品生产成本的计算。不可修复废品的生产成本包括直接材料、燃料和动力、直接人工和制造费用，这些费用与同种合格产品成本是同时发生的，已记入该种产品的生产成本明细账。因此，应采用适当方法将全部生产成本在合格产品与废品之间分配以后，再将不可修复废品的生产成本从生产成本明细账转入废品损失明细账。

不可修复废品的生产成本，可以按废品所耗实际费用计算，也可以按废品所耗定额费用计算。按废品的实际费用计算和分配废品损失从而得出废品实际成本的做法比较符合实际，但核算工作量较大。按照废品的实际数量和定额费用计算废品的定额成本，计入产品成本的废品损失数额只受废品数量多少的影响，不受废品实际费用水平高低的影响，这样不仅计算比较简便，而且有利于分析和考核生产过程中的废品损失，也便于合格产品成本的分析和考核。

（3）废品损失的分配。废品损失应由本月同种合格产品成本负担，即计入当月同种产品的完工产品成本，月末在产品一般不负担废品损失。

3. 停工损失的归集和分配

（1）“停工损失”账户。需要核算停工损失的企业，应当设置“停工损失”账户。该账户的借方登记生产单位发生的各项停工损失；贷方登记应索赔的停工损失和分配结转的停工损失；分配结转停工损失以后，该账户应无余额。“停工损失”账户应当按照生产单位设置明细账，并按费用项目设置专栏组织明细核算。

（2）计算停工损失的原始凭证。计算停工损失的原始凭证主要是“停工报告单”。只有经过审核的“停工报告单”，才能作为停工损失核算的原始凭证。

（3）停工损失的计算。在停工损失中，原材料、水电费、生产工人薪酬等一般可以根据有关原始凭证确认后直接计入；制造费用能够直接确认的应尽量直接计入，不能直接确认的可以按照停工工时数和小时制造费用分配率（计划或实际）分配计入。

（4）停工损失的分配。企业“停工损失”账户归集的停工损失，应当根据发生停工的原因分配和结转。可以获得赔偿的停工损失，应当积极索赔，并冲减停工损失；由于自然灾害等引起的非正常停工损失，应计入营业外支出；机器设备修理和季节性生产企业停工期间发生的停工费用，应计入生产单位制造费用；其他原因造成的停工损失，应计入企业当期损益（营业外支出）。

【练习题】

一、填空题

1. 企业损失性费用主要包括________、________以及________等。

2. 废品按其消除缺陷的技术可能性和经济合理性，可以分为________废品和________废品。

3. 废品按其产生原因，可以分为________和________。

4. 入库后由于管理不善、运输不当等原因造成的废品以及销售后发现的废品，其损失列作________，不作为废品损失处理。

5. 机器设备修理和季节性生产企业在停工期间发生的费用，由开工期间的________负担，不作为停工损失。

6. 废品损失应由________成本负担。

7. 经检验不需要返修就可以降价出售的不合格品，其降价损失体现为________。

8. 意外事故和自然灾害造成的停工损失，列作________。

二、判断题

1. 损失性费用没有创造价值，不应计入产品成本。（　　）

2. 可修复废品是指技术上可以修复的废品。（　　）

3. 不可修复废品是指技术上不能修复，或者支付修复费用在经济上不合算的废品。（　　）

4. 销售后发现的废品，包括废品的生产成本和运输费用等，都应列作废品损失。（　　）

5. 停工损失包括停工期内应支付的生产工人薪酬、所耗用燃料和动力费、应负担的制造费用等。（　　）

6. 产品入库以后由于保管不善等原因而损坏变质的损失，应当计入当期损益。（　　）

三、单项选择题

1. 由于生产工人操作上的原因造成的废品，称为（　　）。

A. 可修复废品　　B. 工废品　　C. 不可修复废品　　D. 料废品

2. 经鉴定不需要返修就可以降价出售的不合格品，其售价与生产成本的差额体现为（　　）。

A. 废品损失　　B. 销售损益　　C. 修复费用　　D. 营业外支出

3. 废品损失中，应由过失人赔偿的款项，应记入（　　）。

A.“废品损失”明细账户的借方　B.“废品损失”明细账户的贷方

C.“营业外支出”账户的贷方　D.“其他应收款”账户的贷方

4. 废品损失应由（　）。

A. 同种合格产品成本负担　B. 营业成本负担

C. 营业外支出负担　D. 税后利润负担

5. 机器设备修理期间发生的停工费用，列作（　）。

A. 制造费用　B. 销售费用　C. 管理费用　D. 长期待摊费用

6. 下列各项中，不计入停工损失成本项目的有（　）。

A. 停工期间所支付的生产工人薪酬　B. 停工期间耗用的燃料和动力费用

C. 停工期间应负担的制造费用　D. 季节性生产企业停工期间的费用

四、多项选择题

1. 废品损失包括的内容有（　）。

A. 不可修复废品的净损失　B. 销售退回废品的生产成本

C. 可修复废品的修复费用　D. 保管不善产生废品的报废费用

2. 计算不可修复废品净损失应考虑的因素有（　）。

A. 不可修复废品的生产成本

B. 废品回收材料和废料价值

C. 应由造成废品的过失人负担的赔偿款

D. 应由企业负担的销售退回废品的运输费用

3. 停工损失包括的内容有（　）。

A. 季节性生产企业停工期内的费用　B. 停工期内应支付的生产工人薪酬

C. 停工期内耗用的燃料和动力费　D. 停工期内应负担的制造费用

4. 废品损失中废品的范围包括（　）。

A. 生产过程中发现的废品

B. 入库后发现的生产过程造成的废品

C. 入库以后由于保管不善等原因而造成的废品

D. 不需要返修就可以出售的不合格品

5. 结转停工损失的会计分录中，对应的借方账户主要有（　）。

A.“其他业务成本”　B.“其他应收款”

C.“营业外支出”　D.“主营业务成本”

6. 与废品损失明细账户贷方对应的借方账户主要有（　）。

A.“生产成本——基本生产成本”　B.“原材料”

C.“其他应收款”　D.“银行存款”“库存现金”等

五、简答题

1. 什么是废品损失？它包括的内容有哪些？

2. 什么是停工损失？哪些费用应计入停工损失？

3. 如何确定可修复废品的生产成本和净损失？

4. 如何分配结转废品损失？

5. 如何分配结转停工损失？

【实务训练】

实训一：废品损失（不可修复废品）的核算

［资料］南山工厂第二车间20××年 3 月完工入库合格甲产品 940 件，生产中产生不可修复废品 60 件；本月甲产品累计生产费用 62 844 元，其中，直接材料 21 600 元，直接人工 23 568 元，制造费用 17 676 元；甲产品月初、月末均无在产品。本月不可修复废品生产成本计算中，废品材料费用已全部投入，直接材料项目按合格品同等负担；根据废品工时情况，直接人工和制造费用项目可以将 60 件废品折算为 42 件合格品，再在废品和合格品之间分配。本月不可修复废品残料处理回收现金 510 元，已决定由过失人赔偿 200 元。

［要求］(1) 计算不可修复废品生产成本，编制结转不可修复废品生产成本的会计分录。

(2) 编制登记回收废品残料价值的会计分录。

(3) 编制登记应收过失人赔偿款的会计分录。

(4) 计算本月废品净损失，编制结转废品净损失的会计分录。

(5) 根据会计分录登记废品损失明细账（见表 6-1）和产品成本计算单（见表 6-2）。

表 6-1　　废品损失明细账

生产单位：第二车间　　　　产品：甲产品

20××年		凭证字号	摘要	借方	贷方	借或贷	余额
月	日						

表 6-2　　南山工厂第二车间产品成本计算单

产品：甲产品　　20××年 3 月　　金额单位：元

摘要	直接材料	直接人工	制造费用	废品损失	合计
累计生产费用					
转出不可修复废品生产成本					
转入废品净损失					
合格产品总成本					
合格产品单位成本					

(6) 计算本月完工入库合格甲产品生产成本（见表 6-2），编制结转完工入库产品生产成本的会计分录。

实训二：废品损失（可修复废品）的核算

［资料］青园工厂加工车间本月所产乙产品中，有可修复废品 40 件。根据 20××年 3 月“耗用材料汇总表”提供的资料，本月修复乙产品领用材料 4 000 元；根据本月“直接人工费用分配表”和“制造费用分配表”提供的资料，本月修复废品实际耗用工时 1 000 小时，小时人工费用率为 13.5 元，小时制造费用率为 3 元。按规定，本月发生的 40 件可修复废品应由过失人赔偿 600 元。

［要求］（1）编制登记发生可修复废品修复费用的会计分录。

（2）编制登记应收过失人赔款的会计分录。

（3）计算本月废品净损失，编制结转废品净损失的会计分录。

实训三：停工损失的核算

［资料］青源工厂设有第一、第二两个基本生产车间，大量生产甲产品。20××年 3 月，第一车间由于外部原材料供应商违约停工待料 3 天，停工期间应支付生产工人薪酬 4 560 元，应负担制造费用 440 元；原材料供应商已同意赔偿 2 000 元。本月第二车间因设备维修停工 3 天，停工期间应支付生产工人薪酬 3 900 元。

［要求］（1）编制登记发生停工损失的会计分录。

（2）编制登记应收赔偿款的会计分录。

（3）计算本月停工净损失，编制结转停工净损失的会计分录。

第7章

制造费用的核算

【重点与难点】

重点：制造费用主要项目的核算和制造费用分配方法的运用。

难点：制造费用明细账的设置和制造费用分配的机器工时分配法、计划费用分配率分配法、作业成本法。

1. 制造费用的归集

（1）“制造费用”明细账户的设置。制造费用是指以成本中心为基础，为组织和管理生产所发生的各项间接费用。企业应当按照管理层级设置成本中心，因此，制造费用一般是指企业生产单位为组织和管理生产所发生的各项间接费用。计入产品成本构成项目中的制造费用，仅指企业基本生产单位所发生的制造费用。企业辅助生产单位发生的制造费用，应当单独归集，计入辅助生产成本。企业应当按照生产单位（成本中心）设置制造费用明细账，并按制造费用明细项目设专栏组织制造费用的明细核算。

（2）制造费用主要费用项目的核算。

①固定资产折旧费用。固定资产折旧费用是通过按月编制的“折旧费用计算表”确定本期折旧费用后计入各生产单位制造费用的。计提生产单位固定资产折旧时，借记“制造费用”账户，贷记“累计折旧”账户。

②机物料消耗和低值易耗品摊销。机物料消耗是指生产单位在产品生产过程中耗用的未作为原料及主要材料、辅助材料或低值易耗品管理使用的一般性材料。机物料消耗一般可以根据“耗用材料汇总表”确定金额，直接列作制造费用，借记“制造费用”账户，贷记“原材料”等账户。低值易耗品是企业不列入固定资产管理的劳动手段，其价值可以一次计入有关成本、费用（一次摊销法），也可以分期摊入有关成本、费用（五五摊销法）。采用一次摊销法时，生产单位领用的低值易耗品可以与领用的其他材料一道，汇总编制“耗用材料汇总表”，据以直接计入有关成本、费用，借记“制造费用”账户，贷记“周转材料——低值易耗品”“材料成本差异”账户。采用五五摊销法时，低值易耗品在领用和报废时分别摊销其价值的50%。

③生产单位管理人员的薪酬。生产单位管理人员的薪酬，应当根据“应付职工薪酬汇总表”等确定的金额，借记“制造费用”账户，贷记“应付职工薪酬”账户。

④其他制造费用。生产单位的办公费、水电费、差旅费、取暖费、运输费、设计制图费、试验检验费、劳动保护费、财产保险费等，通常以现金或银行存款支付，应当根据有关付款凭证，借记“制造费用”账户，贷记“库存现金”或“银行存款”账户。

2. 制造费用的分配和结转

生产多种产品或提供多种劳务的生产单位，需要采用适当方法在各个受益对象之间分配制造费用。制造费用的受益对象既包括生产产品和提供劳务，也包括自制材料、工具以及生产单位负责的在建工程等。

制造费用的分配方法主要有生产工人工时分配法、机器工时分配法、直接成本分配法等。季节性生产企业一般可以按计划费用分配率分配制造费用。

（1）生产工人工时分配法，是以各种产品（各受益对象）的生产工人工时为标准来分配制造费用的方法。生产工人工时可以是实际总工时，也可以是实际完成的定额总工时。

（2）机器工时分配法，是以各种产品（各受益对象）的机器设备工作时间（运转时间）为标准来分配制造费用的方法。当一个生产单位内存在使用和维修费用差别较大的机器设备时，应将机器设备按单位工时费用发生的多少合理分类，确定各类机器的工时换算系数。各种产品实际机器运转小时，应当按照机器设备的工时换算系数，换算成标准机器运转小时，以标准机器工时作为分配制造费用的依据。

（3）直接成本分配法，是以各种产品（各受益对象）本期发生的各项直接成本，即直接材料、燃料和动力、直接人工之和为标准，来分配制造费用的方法。直接材料费用分配法是以各种产品本期发生的直接材料费用为标准，来分配制造费用的方法。如果直接材料费用中只有原材料成本，该方法即为原材料成本分配法。直接人工费用分配法是以各种产品本期发生的直接人工费用为标准，来分配制造费用的方法。如果直接人工费用仅指产品生产工人工资，该方法即为生产工人工资分配法。

（4）计划费用分配率分配法，是按照企业在年度开始前确定的计划费用分配率分配制造费用的方法。计划费用分配率因分配标准不同而不同，但一经确定，年度内一般不进行变动。如果生产单位实际发生的制造费用与其预算数或实际产品产量与其计划数差距较大，应及时调整计划费用分配率。

采用计划费用分配率分配法，“制造费用”账户年末如果有余额，就是全年制造费用的实际发生额与按计划费用分配率分配金额的差额。这一差额除其中属于为下一年开工生产做准备的可留待下一年分配外，其余都应在年末调整计入12月份的产品成本。如果年末余额在借方，应追加分配计入产品成本；年末余额在贷方，应冲减相关产品成本。年末，制造费用的差额分配结转以后，制造费用总账及其所属明细账应无余额。

（5）作业成本法，是指制造费用按照作业中心分项进行归集，以各种作业的成本动因为标准，按作业中心分项进行分配。以成本动因作为分配标准，制造费用中的生产启动准备费用可以按产品生产批次、材料检验费用可以按产品直接材料成本、机器设备折旧费用可以按产品机器工时、劳动保护费用可以按产品直接人工成本、产品检验费用可以按产品检验时间进行分配。

企业不论选择哪一种制造费用分配方法，都应当根据分配计算结果编制“制造费用分配表”，并根据制造费用分配表进行分配结转制造费用的账务处理：借记“生产成本”等账户，贷记“制造费用”账户。

【练习题】

一、填空题

1. 制造费用是指企业生产单位为生产产品和提供劳务而发生的________。

2. 记入产品“制造费用”成本项目中的制造费用，仅指企业________发生的制造费用。

3. “制造费用”明细账应当按照不同________设置。

4. 制造费用的分配主要有按________、按________和按________等方法，季节性生产企业一般可以按________分配。

5. 企业全年制造费用的实际发生额与按计划费用分配率分配金额的差额，除其中属于为下一年开工生产做准备的可留待明年分配外，其余都应在年末调整计入________。

6. 企业可以根据自身经营管理特点和条件，利用现代信息技术，采用________对制造费用进行归集和分配。

二、判断题

1. 制造费用是各生产单位发生的间接计入费用。（　）

2. “制造费用”成本项目属于综合性费用项目。（　）

3. 企业应当按照制造费用项目设置制造费用明细账。（　）

4. 制造费用的受益对象，既包括生产单位生产的产品和提供的劳务，也包括生产单位的自制材料、自制工具以及固定资产建造工程等。（　）

5. 企业制造费用分配方法一经确定，不得随意变更。（　）

6. 采用计划费用分配率分配制造费用，“制造费用”明细账应留有年末余额。（　）

7. 采用作业成本法，制造费用应当按照作业中心分项进行归集。（　）

三、单项选择题

1. “制造费用”账户（　）。

A. 一般有借方余额

B. 一般有贷方余额

C. 转入“本年利润”账户后，期末无余额

D. 除季节性生产企业外，期末无余额

2. 生产单位采用经营租赁方式租入固定资产，一次性支付一年以上的租金，记入“长期待摊费用”账户后，一般采用直线法平均摊销，摊销时应记入（　）账户。

A. “生产成本”　　B. “制造费用”

C. “管理费用”　　D. “销售费用”

3. 采用生产工人工时分配法分配制造费用，分配标准是（　）。

A. 该生产单位产品生产工人工时　　B. 该企业产品生产工人工时

C. 该生产单位单位产品生产工人工时　　D. 该生产单位单位产品定额工时

4. 机器工时分配法适用于（　　）的生产单位。

A. 制造费用中折旧费用的比重较小

B. 制造费用中折旧费用的比重较大

C. 制造费用中管理人员薪酬的比重较小

D. 制造费用中管理人员薪酬的比重较大

5. 采用计划费用分配率分配制造费用时，“制造费用”账户（　　）。

A. 应有借方余额　　B. 应有贷方余额

C. 只有年末有借方余额　　D. 年末差额分配结转后，应无余额

6. “制造费用”明细账，应当按照（　　）设置。

A. 不同生产单位　　B. 不同费用项目

C. 不同产品品种　　D. 不同成本核算对象

7. 采用作业成本法，制造费用以各种作业的（　　）为标准按作业中心分项进行分配。

A. 生产工人工时　　B. 机器工时

C. 成本动因　　D. 直接成本

四、多项选择题

1. 制造费用（　　）。

A. 属于间接费用　　B. 一般为间接计入费用

C. 属于综合性费用项目　　D. 属于基本费用

2. 下列费用中属于制造费用项目的有（　　）。

A. 生产单位管理人员的薪酬　　B. 生产单位全体人员的薪酬

C. 生产单位的固定资产折旧费　　D. 企业行政管理部门的固定资产折旧费

3. 生产单位一次性计入当期损益的固定资产修理费用，在借记“管理费用”账户的同时，对应的贷方账户有（　　）等。

A. “原材料”　　B. “应付职工薪酬”

C. “应付账款”　　D. “银行存款”

4. 生产单位消耗的低值易耗品价值，采用一次摊销法或五五摊销法计入成本。在借记“制造费用”账户的同时，对应的贷方账户有（　　）等。

A. “周转材料——低值易耗品”　　B. “材料成本差异”

C. “管理费用”　　D. “生产成本”

5. 制造费用的分配方法有（　　）等。

A. 生产工人工时分配法　　B. 机器工时分配法

C. 直接成本分配法　　D. 计划费用分配率分配法

6. 采用直接成本分配法，制造费用的分配标准是（　　）之和。

A. 生产产品耗用的原材料、燃料和动力费用

B. 长期待摊费用

C. 产品生产工人的薪酬

D. 管理费用、销售费用和财务费用

7. 制造费用的分配采用作业成本法，作业的成本动因主要有（　　）等。

A. 产品生产批次、产品产量　　B. 产品直接材料成本、人工成本
C. 产品机器工时　　D. 产品检验时间

五、简答题

1. 什么是制造费用？它包括的主要项目有哪些？
2. 如何设置制造费用明细账？
3. 生产单位耗用的低值易耗品怎样计入制造费用？
4. 制造费用的分配方法有哪些？
5. 采用计划费用分配率，怎样分配制造费用？
6. 采用机器工时分配法，为什么要考虑设备的工时换算系数？
7. 制造费用分配中采用作业成本法，应当注意哪些问题？

【实务训练】

实训一：制造费用归集的核算

[资料] 青园工厂以基本生产车间为成本中心，大量生产甲、乙、丙三种产品，20×× 年 3 月有关制造费用的经济业务如下：

(1) 根据应付职工薪酬汇总表，本月应付职工薪酬总额为 89 460 元，其中，基本生产车间产品生产工人 74 550 元，车间管理人员 5 964 元，厂部管理人员 8 946 元。

(2) 以银行存款支付办公用品费 4 296 元，其中，基本生产车间 1 896 元，厂部 2 400 元。

(3) 根据月初在用固定资产原价，本月应计提固定资产折旧 8 000 元，其中，基本生产车间 6 000 元，厂部 2 000 元。

(4) 根据耗用材料汇总表，本月领用材料实际成本 80 000 元，其中，基本生产车间产品生产耗用 72 000 元，车间一般消耗 5 000 元，厂部管理部门消耗 3 000 元。

(5) 本月基本生产车间领用低值易耗品 2 000 元（采用一次摊销法）。

(6) 基本生产车间刘主任报销差旅费 600 元，结清原借备用金 500 元，补付现金 100 元。

(7) 以银行存款 2 000 元，支付基本生产车间劳动保护费。

(8) 以银行存款 1 000 元，支付基本生产车间本月固定资产租赁费。

(9) 以银行存款 1 600 元，支付基本生产车间本月财产保险费。

(10) 以银行存款 7 000 元，支付本月水电费。其中，基本生产车间产品生产直接耗用 5 000 元，车间一般消耗 800 元，厂部消耗 1 200 元。

[要求] (1) 为上述业务编制会计分录。

(2) 登记基本生产车间制造费用明细账（见表 7-1）并结出本月发生额合计。

表 7-1

制造费用明细账

生产单位：基本生产车间

20××年		凭证字号	摘要	费用明细项目										
月	日			管理人员薪酬	折旧费	机物料消耗	低值易耗品摊销	办公费	差旅费	劳动保护费	租赁费	保险费	水电费	合计

实训二：制造费用分配的生产工人工时分配法

［资料］青园工厂基本生产车间生产甲、乙、丙三种产品。20××年 3 月，三种产品生产工人工时分别为 1 500 小时、2 500 小时、2 000 小时，该基本生产车间发生的制造费用见实训一中青园工厂制造费用明细账的资料。

［要求］（1）采用生产工人工时分配法分配本月制造费用，完成制造费用分配表（见表 7-2）。

表 7-2

制造费用分配表（生产工人工时分配法）

生产单位：基本生产车间　　20××年 3 月　　金额单位：元

产品名称	生产工人工时（小时）	分配率	分配金额
甲产品			
乙产品			
丙产品			
合计			

（2）编制分配结转本月制造费用的会计分录。

实训三：制造费用分配的机器工时分配法

［资料］南山工厂第一基本生产车间使用A、B两类设备生产甲、乙、丙三种产品。20××年3月，制造费用总额为600 000元；三种产品机器总工时为350 000小时，其中，甲产品150 000小时、乙产品100 000小时，丙产品100 000小时；A类设备运转150 000小时，其中，甲产品50 000小时，乙产品20 000小时，丙产品80 000小时；B类设备运转200 000小时，其中，甲产品100 000小时，乙产品80 000小时，丙产品20 000小时。该车间A类设备工时换算系数定为1，B类设备工时换算系数定为1.25。

［要求］（1）采用机器工时分配法分配制造费用，完成制造费用分配表（见表7-3）。

表7-3　制造费用分配表（机器工时分配法）

生产单位：第一基本生产车间　　20××年3月　　金额单位：元

产品名称	标准机器工时（小时）				费用分配率	分配金额
	A类设备（标准机器工时）	B类设备（工时换算系数1.25）		标准机器工时合计		
		实际工时	标准工时			
甲产品						
乙产品						
丙产品						
合计						

（2）编制分配结转本月制造费用的会计分录。

实训四：制造费用分配的计划费用分配率分配法

［资料］南园工厂为季节性生产企业，生产甲、乙、丙三种产品。20××年度基本生产车间制造费用预算总额为510 000元，甲、乙、丙三种产品计划产量分别为2 200件、3 800件、2 200件，单位产品定额工时分别为20小时、10小时、40小时；12月生产甲产品400件、乙产品500件、丙产品300件，实际发生制造费用60 000元；经查11月末“制造费用——基本生产车间”明细账，至11月30日，本年借方累计发生额为455 000元，贷方累计发生额为435 000元，月末借方余额为20 000元。

［要求］（1）计算基本生产车间本年度计划制造费用分配率，编制制造费用分配表（见表7-4）。

表7-4　制造费用分配表（计划费用分配率分配法）

生产单位：基本生产车间　　20××年12月　　金额单位：元

产品名称	产品产量	单位产品定额工时	生产总工时	当月按计划分配率分配		年末差额分配	
				计划分配率	分配金额	分配率	分配金额
甲产品							
乙产品							
丙产品							
合计							

（2）编制 12 月份按计划费用分配率分配，三种产品应负担制造费用的会计分录。

（3）将全年制造费用的实际发生额与按计划费用分配率分配数额的差额，调整计入 12 月份产品成本，因三种产品在开工月份生产份额相差不多，按 12 月份实际完成的定额工时分配给甲、乙、丙三种产品，编制分配结转制造费用差额的会计分录。

（4）登记基本生产车间制造费用明细账（见表 7-5）。

表 7-5　制造费用明细账

生产单位：基本生产车间

20××年		凭证字号	摘　要	借　方	贷　方	借或贷	余　额
月	日						
			上月结转累计发生额及余额				
			本月发生制造费用				
			本月按计划费用分配率分配制造费用				
			年末分配结转制造费用差额				
			本月发生额合计				
			本年累计发生额				

实训五：制造费用分配的作业成本法

［资料］青秀工厂采用作业成本法进行制造费用的归集和分配。根据制造费用明细账，加工车间 3 月份发生的制造费用总额为 1 000 000 元，其中，生产启动准备费用 8 000 元，材料检验费用 9 000 元，机器设备折旧费用 540 000 元，厂房折旧费用 267 000 元，水电费用 99 000 元，车间管理人员薪酬和办公费用 28 000 元，劳动保护费用 20 000 元，产品检验费用 12 000 元，其他制造费用 17 000 元。加工车间本月生产的甲、乙、丙三种产品按成本动因汇总的作业数量见表 7-6。

表 7-6　青秀工厂作业数量汇总表

生产单位：加工车间　　20××年 3 月

成本动因（分配标准）	计量单位	作业数量			
		甲产品	乙产品	丙产品	合计
产品生产批次	批次	2	3	5	10
产品直接材料成本	元	1 000 000	800 000	1 200 000	3 000 000
产品直接人工成本	元	300 000	250 000	450 000	1 000 000
产品机器工时	小时	40 000	30 000	80 000	150 000
产品检验时间	小时	200	160	240	600
产品产量	千克	40 000	20 000	40 000	100 000

［要求］（1）分析确定与作业中心相关的成本动因，计算本月制造费用分配率（见表 7-7）。

表 7-7　**青秀工厂制造费用分配率计算表（作业成本法）**

生产单位：加工车间　20××年3月　金额单位：元

制造费用项目	应分配制造费用总额	成本动因	计量单位	作业数量	制造费用分配率
1.生产启动准备费用					
2.材料检验费用					
3.机器设备折旧费用					
4.厂房折旧费用					
5.水电费用					
6.车间管理人员薪酬和办公费用					
7.劳动保护费用					
8.产品检验费用					
9.其他制造费用					

（2）编制本月制造费用分配表（见表 7-8）。

表 7-8　**青秀工厂制造费用分配表（作业成本法）**

生产单位：加工车间　20××年3月　金额单位：元

制造费用项目	制造费用分配率	甲产品		乙产品		丙产品		分配金额合计
		作业量	分配金额	作业量	分配金额	作业量	分配金额	
1.生产启动准备费用								
2.材料检验费用								
3.机器设备折旧费用								
4.厂房折旧费用								
5.水电费用								
6.车间管理人员薪酬和办公费用								
7.劳动保护费用								
8.产品检验费用								
9.其他制造费用								
合计								

（3）编制分配结转本月制造费用的会计分录。

第8章

在产品的核算

【重点与难点】

重点：在产品与完工产品的关系和在产品成本计算的约当产量法、定额比例法。

难点：约当产量法中分工序计算在产品投料率、在产品完工率的方法。

1. 在产品与完工产品的关系

在产品有广义和狭义之分。广义在产品是就整个企业而言的，是指没有完成全部生产过程，不能作为商品销售的产品，包括正在各个生产单位加工中的在制品和已完成一个或几个生产步骤但尚需继续加工的自制半成品，等待验收入库的产品，以及正在返修或等待返修的废品等。狭义的在产品是就某一生产单位（车间、分厂）或某一生产步骤而言的，仅指本生产单位或生产步骤正在加工中的在制品，该生产单位或生产步骤已经完工交出的自制半成品不包括在内。本月完工产品与月末在产品成本之间的关系，可以用公式表示如下：

本月完工产品成本=月初在产品成本+本月发生生产费用-月末在产品成本

2. 在产品数量的核算

（1）在产品台账的设置。企业在产品品种规格多，又处于不断流动之中，在产品数量的日常核算是一个比较复杂的问题。从加强实物管理的角度出发，企业必须设置有关凭证、账簿（如在产品台账等）来反映在产品的收入、转出（发出）和结存情况。“在产品台账”应当分生产单位（车间、分厂）或生产步骤（生产工序），并按照产品品种和在产品（零部件）名称设置。在设有半成品仓库的企业，自制半成品的收入、发出和结存可以比照原材料收入、发出和结存的核算设置有关凭证和账簿，组织自制半成品数量的日常核算。

（2）在产品的清查。在产品的清查采用实地盘点法，根据清查结果，应编制“在产品盘点盈亏报告表”，列明在产品的账存数、实存数、盘盈数、盘亏数、毁损数、盈亏原因和处理意见等。成本会计人员应对“在产品盘点盈亏报告表”进行认真审核，按照企业内部财务会计制度规定的审批程序报有关部门审批，并及时进行账务处理。

3. 在产品成本的计算

企业应当根据月末在产品数量的多少，各月月末在产品数量变化的大小，产品成本中各成本项目费用比重的大小，以及企业成本管理有关基础工作的好坏等具体条件，选择合理的在产品成本计算方法，正确计算期末在产品成本和本期完工产品成本。在产品成本的处理方法主要有以下七种：

（1）不计算在产品成本法，是指当月发生的生产费用全部由完工产品成本负担，不计算期末在产品成本的方法。如果企业所生产的产品，月末虽有在产品但数量较少，且各月变动不大，当月发生的生产费用全部由完工产品成本负担，对完工产品成本影响很小，为了简化成本计算工作，也可以不计算在产品成本。这种方法本月完工产品的总成本等于当月该种产品发生（应负担）的全部生产费用，并且账面上没有期末在产品成本。

（2）固定在产品成本法，是指1—11月各月月末在产品成本按年初在产品成本计算，即固定期末在产品成本的方法。如果企业所生产的产品，月末在产品虽然数量较大但各月数量大体稳定，这时，各月月末在产品成本可以按年初在产品成本计算，本月完工产品成本等于当月该种产品发生（应负担）的全部生产费用，但账面上有期末在产品成本。这种方法计算简单，但只适用于生产周期较短且各月月末在产品数量变动不大的情况。同时，采用这种方法，不论年末在产品数量变动与否，都应对在产品进行实地盘点，并以实际盘存数为计算基础重新确定年末在产品成本。

（3）在产品只计算材料成本法，是指本期发生的燃料和动力、直接人工和制造费用等加工费用全部由本期完工产品成本负担、月末在产品只计算材料成本的方法。如果企业所生产的产品成本中，直接材料费用所占比重较大，月末在产品可以只计算材料成本。采用这种方法，本月完工产品成本等于月初在产品材料成本加上当月发生的全部生产费用，再减去月末在产品材料成本。

（4）约当产量法，是指根据本月完工产品数量和月末在产品约当量一起分配生产费用，以确定本月完工产品和月末在产品成本的方法。采用约当产量法，通常分为以下几个步骤：

①计算在产品约当量。采用约当产量法，生产费用在本月完工产品和月末在产品之间分配的标准是折合的生产总量，即本月完工产品数量与月末在产品约当产量之和。完工产品数量应根据产品交库单确定；在产品数量应通过实地盘点（或“在产品收发结存明细账”）确定，并根据各成本项目在产品的完工程度分成本项目确定在产品约当量。

如果材料费用在生产开始时一次投入，在产品直接材料项目的完工程度为100%；在燃料和动力、直接人工和制造费用等加工费用发生比较均衡的情况下，在产品加工费用的完工程度可以定为50%。如果产品生产过程中原材料不是在生产开始时一次性投入，燃料和动力、直接人工和制造费用的发生不是比较均衡，则要分别计算在产品的投料率和在产品完工率。

在产品投料率是在产品累计已投入的直接材料费用占完工产品应投入的直接材料费用的比重，一般可以根据原材料消耗定额和在产品原材料费用投入情况预先确定。其计算公式如下：

$$\text{某工序在产品的投料率}=\frac{\text{该工序单位在产品已投入材料费用}}{\text{单位完工产品应投入材料费用}}\times 100\%$$

燃料和动力、直接人工和制造费用等加工费用项目可以按照同一完工率来计算月末在产品成本。在产品完工率不能按平均完工率50%计算时，一般可以根据各工序的工时定额计算各工序在产品完工率。其计算公式如下：

$$某工序在产品完工率=\frac{该工序单位在产品累计已完成的定额工时}{单位完工产品的定额工时}\times 100\%$$

②计算费用分配率。由于各个成本项目月末在产品生产费用的发生情况不同，费用分配率应当分成本项目计算。其计算公式如下：

$$某成本项目费用分配率=\frac{该成本项目生产费用合计数}{本月完工产品数量+月末在产品约当产量}$$

上述费用分配率，就是完工产品在该成本项目的单位成本。

③计算月末在产品成本和本月完工产品成本。有关计算公式如下：

月末在产品成本=月末在产品约当产量×费用分配率（完工产品单位成本）

本月完工产品成本=本月完工产品数量×费用分配率（完工产品单位成本）

或 =月初在产品成本+本月发生生产费用−月末在产品成本

（5）定额比例法，是指根据月末在产品定额耗用量（或定额费用）和本月完工产品定额耗用量（或定额费用）的比例来分配生产费用，以确定月末在产品实际成本和完工产品实际成本的方法。它适用于各项消耗定额资料比较完整、准确，生产工艺过程已经定型的产品。其计算步骤如下：

①计算月末在产品和本月完工产品的总定额（定额耗用总量或定额费用总额）。采用定额比例法，总定额包括原材料定额耗用总量或原材料定额总成本，定额工时消耗总量或直接人工定额总成本、制造费用定额总成本等，各成本项目的完工产品的总定额可以根据本月完工产品数量和单位完工产品定额消耗量（或定额费用）直接计算；月末在产品的总定额，应按各生产步骤（工序）在产品数量和单位在产品定额消耗量（或定额费用）分别计算，再汇总确定全部在产品的总定额。其计算公式如下：

本月完工产品总定额=本月完工产品数量×单位产品定额消耗量（或定额费用）

$$月末在产品总定额=\sum(某工序月末在产品数量\times 该工序单位在产品定额消耗量(或定额费用))$$

②计算费用分配率。定额比例法中的分配标准（总定额），既可以是原材料定额消耗量、工时定额消耗量，又可以是各成本项目的定额成本（费用）。费用分配率是以应分配费用总额除以分配标准的总量求得的，其计算公式如下：

$$某成本项目费用分配率=\frac{该成本项目生产费用合计数}{本月完工产品总定额+月末在产品总定额}$$

③计算月末在产品成本和本月完工产品成本，有关计算公式如下：

月末在产品成本=月末在产品总定额×费用分配率

本月完工产品成本=本月完工产品总定额×费用分配率

或 =月初在产品成本+本月发生生产费用−月末在产品成本

（6）在产品按完工产品成本计价法，是将月末在产品视同完工产品，根据月末在产品数量与本月完工产品数量的比例来分配生产费用，以确定月末在产品成本和本月完工产品成本的方法。这种方法简化了成本计算工作，但只适用于月末在产品已接近完工，或已加工完成但尚未包装或尚未验收入库的产品，否则，会影响本月完工产品成本计算的正确性。

（7）在产品按定额成本计算法，是指月末在产品按预先制定的定额成本计算，实际生产费用脱离定额的差异全部由完工产品成本负担的方法。这种方法简化了生产费用在月末在产品和本月完工产品之间的分配。但由于它将生产费用脱离定额的差异全部计入了当月完工产品成本，只适用于各项消耗定额和费用定额比较准确、稳定，定额管理基础工作较好，并且各月在产品数量也比较稳定的产品，否则，将影响本月完工产品成本计算的准确性，不利于产品成本的分析和考核。

【练习题】

一、填空题

1. 广义在产品包括正在加工中的________和加工已告一段落的________。

2. 如果本月生产的产品已全部完工，本月完工产品成本等于该产品________。

3. 月初在产品成本加上本月发生生产费用，等于本月________成本加上期末________成本。

4. “在产品台账”应当分________或________，并按照________和________名称设置。

5. 在产品的清查应当采用________法。

6. 在产品成本的处理方法主要有________、________、________、________、________、________、________等。

二、判断题

1. 企业本月完工产品总成本应等于本月生产费用累计数。（　　）

2. 正确确定本期完工产品成本，关键是正确计算期末在产品成本。（　　）

3. 因意外事故或自然灾害等造成的在产品毁损，扣除保险公司赔款和残料回收价值以后，净损失计入营业外支出。（　　）

4. 月末在产品数量变化较大时，可以采用固定在产品成本法计算在产品成本。（　　）

5. 在产品约当量也就是在产品盘点数量。（　　）

6. 在产品只计算材料成本法仅适用于材料费用占产品成本比重较大的产品。（　　）

7. 在产品按完工产品成本计算法只适用于月末在产品已经加工完成，但尚未包装或尚未验收入库，或已接近完工的产品。（　　）

8. 在产品约当量是指期末在产品按其完工程度折合为完工产品数量。（　　）

9. 定额比例法的分配标准是单位完工产品和在产品的消耗定额或费用定额。（　　）

10. 分别采用定额比例法和定额成本法计算在产品成本，完工产品成本应相同。（　　）

三、单项选择题

1. 在产品数量的日常核算应设置（　　）。

A. 生产成本明细账　　B. 在产品台账

C. 制造费用明细账　　D. 原材料明细账

2. 不计算在产品成本法的适用范围是（　　）。

A. 在产品数量较大，且各月数量大体稳定

B. 在产品数量较小，且各月数量变动不大

C. 材料费用占产品成本的比重较大

D. 在产品已接近完工

3. 采用固定在产品成本法，1—11月各月完工产品成本等于（　　）。

A. 月初在产品成本　　B. 本月发生生产费用

C. 生产费用合计数　　D. 生产费用累计数

4. 采用约当产量法，如果产品生产过程中燃料和动力、直接人工和制造费用的发生都比较均衡，这几个成本项目的在产品完工程度可以按（　　）计算。

A.25%　　B.50%　　C.60%　　D.100%

5. 某厂生产的甲产品顺序经过第一、第二两道工序加工，原材料在第一工序生产开始时投入90%，在第二工序生产开始时投入10%，则第二工序月末在产品的投料率为（　　）。

A.10%　　B.90%　　C.5%　　D.100%

6. 某厂生产的甲产品顺序经过第一、第二两道工序加工，单位产品定额工时为100小时，其中，第一工序为60小时，第二工序为40小时，各工序加工费用发生比较均衡，则第二工序月末在产品的完工率为（　　）。

A.20%　　B.40%　　C.80%　　D.100%

四、多项选择题

1. 广义在产品包括（　　）。

A. 生产单位正在加工中的在制品　　B. 加工已告一段落的自制半成品

C. 已完成生产过程、等待入库的产品　　D. 已完成销售的自制半成品

2. 登记在产品台账的依据有（　　）。

A. 有关领料（或结转自制半成品）凭证　　B. 在产品内部转移凭证

C. 产品检验凭证　　D. 产品交库单

3. 计算在产品成本的方法主要有（　　）等。

A. 在产品只计算材料成本法　　B. 固定在产品成本法

C. 约当产量法　　D. 定额比例法

4. 本月发生的燃料和动力、直接人工和制造费用，不计入月末在产品成本的方法有（　　）。

A. 不计算在产品成本法　　B. 定额成本法

C. 在产品计算材料成本法　　D. 在产品按完工产品成本计价法

5. 在产品按完工产品成本计价法只能用于（　　）等情况。

A. 月末在产品已接近完工

B. 月末在产品已经完工，但尚未包装

C. 月末在产品已经完工，但未验收入库

D. 月末在产品已经完工，并已经验收入库

6. 定额比例法的分配标准包括产品的（　　）等。

A. 原材料定额消耗总量　　B. 原材料定额总成本

C. 工时定额消耗总量　　　　D. 定额总费用

五、简答题

1. 简述在产品的含义。
2. 怎样组织在产品数量的核算？
3. 如何组织在产品清查的核算？
4. 固定在产品成本法有何特点？如何计算期末在产品成本？
5. 采用约当产量法计算在产品成本，一般分为哪几个步骤？
6. 采用约当产量法，如何分工序确定期末在产品投料率和在产品完工率？
7. 采用定额比例法计算在产品成本，一般分为哪几个步骤？
8. 在产品按定额成本计算法有何特点？

【实务训练】

实训一：固定在产品成本法

[资料] 南山工厂生产的甲产品月末在产品数量比较稳定，采用固定在产品成本法。20××年该产品年初在产品成本为 120 000 元，其中，直接材料 60 000 元，直接人工 35 000 元，制造费用 25 000 元；3 月发生的生产费用为 1 000 000 元，其中，直接材料 480 000 元，直接人工 290 000 元，制造费用 230 000 元；3 月完工甲产品 1 000 件。

[要求] (1) 采用固定在产品成本法计算甲产品月末在产品成本和本月完工产品成本，完成产品成本计算单（见表 8-1）。

表 8-1　　　　产品成本计算单

产品：甲产品　产量：1 000 件　　　20××年 3 月　　　金额单位：元

摘要	直接材料	直接人工	制造费用	合计
月初在产品成本				
本月生产费用				
生产费用合计				
本月完工产品总成本				
本月完工产品单位成本				
月末在产品成本				

(2) 编制结转本月完工入库甲产品成本的会计分录。

实训二：在产品只计算材料成本法

[资料] 青山工厂生产的乙产品直接材料费用在产品成本中所占比重较大，在产品只计算材料成本。20××年 3 月，乙产品月初在产品总成本（即直接材料成本）为 50 000 元；本月发生生产费用 800 000 元，其中，直接材料费用 600 000 元，直接人工费用 120 000 元，制造费用 80 000 元；本月乙产品完工 300 件，月末在产品 25 件，在产品的原材料费用已全部投入，直接材料费用可以按本月完工产品和月末在产品的数量比例分配。

［要求］（1）采用在产品只计算材料成本法计算乙产品月末在产品成本和本月完工产品成本，并完成产品成本计算单（见表 8-2）。

表 8-2　产品成本计算单

产品：乙产品　产量：300 件　　20××年 3 月　　金额单位：元

摘要	直接材料	直接人工	制造费用	合计
月初在产品成本				
本月生产费用				
生产费用合计				
本月完工产品总成本				
本月完工产品单位成本				
月末在产品成本				

（2）编制结转本月完工入库乙产品成本的会计分录。

实训三：分工序计算在产品投料率

［资料］青园工厂生产的丙产品顺序经过第一、第二、第三三道工序加工，单位产品原材料消耗定额为 1 000 元，其中，第一工序投料定额为 600 元，第二工序投料定额为 300 元，第三工序投料定额为 100 元；原材料分别在各个工序生产开始时一次投入。20××年 3 月丙产品盘点确定的月末在产品数量为 400 件，其中，第一工序 200 件，第二工序 100 件，第三工序 100 件。

［要求］（1）计算各工序月末在产品的投料率。

（2）计算月末在产品约当量，完成在产品投料率及约当量计算表（见表 8-3）。

表 8-3　在产品投料率及约当量计算表

产品：丙产品　　20××年 3 月　　实物单位：件

工序	月末在产品数量	单位产品投料定额（元）	在产品投料率	月末在产品约当量
一				
二				
三				
合计				

实训四：分工序计算在产品完工率

［资料］青园工厂生产丙产品，本月有关月末在产品数量资料同实训三；丙产品单位产品工时消耗定额为 100 小时，其中，第一工序 50 小时，第二工序 30 小时，第三工序 20 小时；丙产品各工序月末在产品在本工序的完工程度均为 50%。

［要求］（1）计算各工序月末在产品的完工率。

（2）计算月末在产品约当量，完成在产品完工率及约当量计算表（见表 8-4）。

表 8-4　　在产品完工率及约当量计算表

产品：丙产品　　20××年 3 月　　实物单位：件

工序	月末在产品数量	单位产品工时定额（小时）	在产品完工率	月末在产品约当量
一				
二				
三				
合计				

实训五：约当产量法

［资料］青园工厂生产的丙产品 20××年 3 月完工验收入库数量为 2 000 件，月末盘点在产品数量为 400 件；丙产品月末在产品约当量资料见实训三、实训四的计算结果。丙产品生产成本明细账表明：月初在产品成本 400 000 元，其中，直接材料 300 000 元，直接人工 44 000 元，制造费用 56 000 元；丙产品本月发生的生产费用为 3 035 600 元，其中，直接材料 2 033 100 元，直接人工 441 100 元，制造费用 561 400 元。

［要求］（1）采用约当产量法计算丙产品月末在产品成本和本月完工产品成本，完成产品成本计算单（见表 8-5）。

表 8-5　　产品成本计算单

产品：丙产品　产量：2 000 件　　20××年 3 月　　金额单位：元

摘要	直接材料	直接人工	制造费用	合计
月初在产品成本				
本月生产费用				
生产费用合计				
本月完工产品数量				
月末在产品约当量				
生产量合计				
费用分配率				
本月完工产品总成本				
本月完工产品单位成本				
月末在产品成本				

（2）编制结转本月完工入库产品成本的会计分录。

实训六：定额比例法

［资料］南山工厂生产的丁产品是定型产品，有比较健全的定额资料和定额管理制度。丁产品单位产品原材料消耗定额为 1 000 元，工时消耗定额为 100 小时。20××年 3 月完工丁产品 2 000 件。月末盘点停留在各工序的在产品为 400 件，其中，第一道工序 200 件，单位在产品原材料消耗定额为 600 元，工时消耗定额为 25 小时；第二道工序 100 件，单

位在产品原材料消耗定额为900元，工时消耗定额为65小时；第三道工序100件，单位在产品原材料消耗定额为1 000元，工时消耗定额为90小时。根据产品生产成本明细账，丁产品月初在产品成本为400 000元，其中，直接材料300 000元，直接人工44 000元，制造费用56 000元；本月发生生产费用为3 035 600元，其中，直接材料2 033 100元，直接人工441 100元，制造费用561 400元。

［要求］（1）采用定额比例法计算丁产品月末在产品成本和本月完工产品成本，完成产品成本计算单（见表8-6）。

表8-6　产品成本计算单

产品：丁产品　产量：2 000件　20××年3月　金额单位：元

摘要	直接材料	直接人工	制造费用	合计
月初在产品成本				
本月发生生产费用				
生产费用合计				
本月完工产品总定额				
月末在产品总定额				
定额合计				
费用分配率				
本月完工产品总成本				
本月完工产品单位成本				
月末在产品总成本				

（2）编制结转本月完工入库产品成本的会计分录。

实训七：在产品按定额成本计算法

［资料］南山工厂生产的丁产品有关成本计算资料见实训六。该厂每一定额工时直接人工费用分配率为2.2元，制造费用分配率为2.8元。

［要求］（1）采用在产品按定额成本计算法计算丁产品月末在产品成本和本月完工产品成本，完成月末在产品定额成本计算表（见表8-7）和产品成本计算单（见表8-8）。

表8-7　月末在产品定额成本计算表

产品：丁产品　20××年3月　金额单位：元

工序	在产品数量	材料成本		人工成本		制造费用		月末在产品定额总成本
		单位定额	总成本	单位定额	总成本	单位定额	总成本	
一								
二								
三								
合计								

表 8-8　**产品成本计算单**

产品：丁产品　产量：2 000 件　　20××年 3 月　　金额单位：元

摘要	直接材料	直接人工	制造费用	合计
月初在产品成本				
本月发生生产费用				
生产费用合计				
本月完工产品总成本				
本月完工产品单位成本				
月末在产品成本（定额成本）				

（2）编制结转本月完工入库产品成本的会计分录。

第9章

产品成本计算方法概述

【重点与难点】

重点：生产特点和管理要求对成本核算对象的影响和品种法、分批法、分步法、分类法、定额法等成本计算方法的一般原理。

难点：成本计算方法在实际工作中的同时应用和综合应用。

1. 确定产品成本计算方法的原则

企业应当根据产品生产工艺过程的特点、生产经营组织的类型、产品种类的繁简和成本管理的要求，确定适合本企业的成本核算对象、成本项目和成本计算方法。企业成本核算对象、成本项目和成本计算方法一经确定，不得随意变更，如需变更，应当根据管理权限，经股东大会或董事会，或经理（厂长）会议或类似机构批准，并在会计报表附注中予以说明。

2. 工业企业生产的主要类型

（1）按照生产工艺过程的特点分类，工业企业生产可以分为单步骤生产和多步骤生产两种类型。单步骤生产也称简单生产，是指生产工艺过程不能间断，或者由于工作场地的限制，不便于分散在几个不同地点进行的生产。多步骤生产也称复杂生产，是指生产工艺过程由若干个可以间断、分散在不同地点、分别在不同时间进行的生产步骤所组成的生产，按其产品加工方式的不同，又可以分为连续式多步骤生产和装配式多步骤生产。连续式多步骤生产，是指对投入生产的原材料要依次经过各个生产步骤的加工，直到最后生产步骤才成为产成品的生产；装配式多步骤生产，是指先将原材料分别加工为零件、部件，再将零件、部件装配为产成品的生产。

（2）按照生产经营组织的特点分类，工业企业生产可以分为大量生产、成批生产和单件生产三种类型。大量生产，是指不断重复生产品种相同的产品生产。成批生产，是指按照预先规定的产品批次订单和数量进行的生产，按照其产品批量的大小，又可以分为大批生产和小批生产。大批生产的性质接近大量生产，小批生产的性质接近单件生产。单件生产，是指按照购买单位订单的要求，生产个别的、性质特殊的产品的生产。

3. 生产工艺过程、生产经营组织特点和成本管理要求对产品成本计算方法的影响

（1）对成本核算对象的影响。单步骤生产或管理上不要求分步骤计算成本的多步骤生产，通常可以将产品的品种或产品的批次订单作为成本核算对象。管理上要求分步骤计算成本的多步骤生产，应将产品的品种及其所经生产步骤作为成本核算对象。从生产组织的特点看，大量大批生产的成本核算对象可以是产品的品种，也可以是产品品种及其所经生产步骤。小批单件生产的成本核算对象通常是产品的批次订单。

（2）对成本计算期的影响。大量大批生产，根据成本管理的要求，通常需要定期按月计算产品成本，成本计算期与生产周期不一致。单件生产和小批生产，产品成本有可能在该件产品或该批产品全部完工以后才最终确定，因而成本计算可以是不定期的，与生产周期一致。

（3）对完工产品和期末在产品之间费用分配的影响。单步骤生产，生产过程不能间断，生产周期也较短，一般没有期末在产品或在产品数量很少，在计算产品成本时，一般不存在生产费用在完工产品和期末在产品之间进行费用分配的问题。在多步骤生产中，大量大批生产组织类型生产连续不断进行，经常存在期末在产品，在计算产品成本时，一般需要在完工产品和期末在产品之间分配费用；在单件小批生产中，成本计算期与生产周期一致，不存在期末在产品，在计算产品成本时，一般不需要在完工产品和期末在产品之间分配费用。

4. 产品成本计算的基本方法

成本计算是对有关费用数据进行处理的过程，是以一定的成本核算对象为依据，分配和归集生产费用并计算其总成本和单位成本的过程。成本核算对象是处理各项费用数据的中心，是产品成本计算方法的核心。成本计算的基本方法是根据成本核算对象来命名的。

（1）品种法。在大量大批单步骤生产企业，或者管理上不要求分步计算成本的多步骤生产企业，只需要以产品品种作为成本核算对象来归集和分配生产费用，计算出各种产品（品种）的实际总成本和单位成本。这就产生了品种法。在大量大批生产企业中，不可能等全部产品完工以后才计算其实际总成本，因此，品种法的成本计算期与会计报告期（定期按月）一致，但与生产周期不一致。品种法在按月计算成本时，有些单步骤生产企业没有月末在产品，不需要在完工产品和月末在产品之间分配生产费用；管理上不要求分步计算成本的大量大批多步骤生产企业，通常有月末在产品，需要在完工产品和月末在产品之间分配生产费用。

（2）分批法。单件小批生产企业（单步骤生产或管理上不要求分步计算成本的多步骤生产）是按照客户的订单来组织生产的，客户的订货不仅数量和质量要求不同，交货日期也不一样。因此，产生了以生产的产品批次订单作为成本核算对象来归集和分配生产费用，计算出各批产品的实际总成本和单位成本的分批法。由于成本核算对象是产品的批次订单，只有在该批产品全部完工以后才能计算出其实际总成本和单位成本，分批法的成本计算期是不定期的，与产品生产周期一致。分批法的成本计算期与生产周期一致，也就不需要将生产费用在完工产品和期末在产品之间进行分配。

（3）分步法。在大量大批多步骤生产企业，如果企业成本管理上要求按生产步骤归集生产费用、计算产品成本，就应当以产成品及其所经生产步骤作为成本核算对象，来归集和分配生产费用，计算出各生产步骤和最终产成品的实际总成本和单位成本。这就产生了

分步法。分步法的成本计算期与会计报告期一致，但与生产周期不一致。大量大批多步骤生产企业在月末计算产品成本时，通常有在产品，因此，分步法需要在完工产品和期末在产品之间分配生产费用。

5. 产品成本计算的辅助方法

（1）分类法。在产品品种、规格繁多的企业，为了解决成本核算对象的分类问题，产生了产品成本计算的分类法。分类法的成本核算对象是产品的类别，它需要运用品种法等基本方法的原理计算出各类产品的实际总成本，再求得类内各种品种（各种规格）产品的实际总成本和单位成本。

（2）定额法。在定额管理基础工作比较好的企业，可以将成本核算和成本控制结合起来，采用定额法计算产品成本。定额法将符合定额的费用和脱离定额的差异分别核算，以完工产品的定额成本为基础，加减脱离定额的差异、材料成本差异和定额变动差异来求得实际成本，解决了成本的日常控制问题。

（3）作业成本法。作业成本法是指以作业为基础，按成本动因来分配间接费用的方法。作业成本法以作业为中心，以成本动因（资源动因和作业动因）为间接费用分配标准，提高了间接费用分配的准确性。

（4）标准成本法。标准成本法是一种成本控制方法，也是一种特殊的成本计算方法。标准成本法与定额法不同，它只计算产品的标准成本，不计算产品的实际成本，实际成本脱离标准成本的差异直接计入当期损益。

（5）变动成本法。变动成本法是将直接材料、燃料和动力、直接人工和变动制造费用等变动成本计入产品生产成本，固定制造费用全部作为期间费用，在发生时直接计入当期损益的一种成本计算方法。

6. 产品成本计算方法的应用

产品成本计算的品种法、分批法、分步法以及分类法、定额法等，是比较典型的成本计算方法。一个企业往往有若干个生产单位（分厂、车间），各个生产单位的生产特点和管理要求并不一定相同，同一个生产单位所生产的各种产品的生产特点和管理要求也不一定相同。因此，在一个企业或企业的生产单位往往同时采用多种成本计算方法，某一产品的成本计算也可以以一种成本计算方法为主，结合运用几种成本计算方法。

【练习题】

一、填空题

1. 企业应当根据________、________、________和________，确定适合本企业的成本核算对象、成本项目和成本计算方法。

2. 工业企业按照产品生产工艺过程的特点，可以分为________和________两种类型。

3. 多步骤生产按其产品加工方式的不同，可以分为________多步骤生产和________多步骤生产。

4. 工业企业按照其生产经营组织的特点，可以分为________、________和________三种类型。

5. 产品成本计算工作中，主要有产品的________、产品的________和产品的________及其________等不同成本核算对象。

6. 成本计算的基本方法是根据________来命名的。

7. 成本计算的基本方法包括________、________和________。

8. 成本计算的辅助方法主要有________、________、________、________和________等。

二、判断题

1. 企业成本核算对象、成本项目以及成本计算方法一经确定，不得随意变更。（　　）

2. 按照产品生产工艺过程的特点，工业企业生产可分为连续式和装配式两种类型。（　　）

3. 工业企业按照其生产经营组织的特点，可分为大批生产和小批生产两种类型。（　　）

4. 品种法和分步法的成本计算期与生产周期不一致。（　　）

5. 成本计算的基本方法，是以成本核算对象命名的。（　　）

6. 标准成本法也就是定额法。（　　）

7. 标准成本法不计算产品实际成本，实际生产费用脱离标准成本的差异直接计入当期损益。（　　）

8. 采用变动成本法，固定成本全部作为制造费用。（　　）

9. 一个企业不得同时采用多种成本计算方法。（　　）

10. 计算某种产品成本时，可以以一种成本计算方法为主，结合运用几种成本计算方法。（　　）

三、单项选择题

1. 企业应当（　　），确定适合本企业的成本计算方法。

A. 根据生产经营特点和成本管理要求　　B. 根据职工人数的多少

C. 根据生产规模的大小　　D. 根据生产车间的多少

2. 冶金、纺织、造纸、服装等企业的生产属于（　　）。

A. 简单生产　　B. 单步骤生产

C. 连续式多步骤生产　　D. 装配式多步骤生产

3. 不断重复生产品种相同的产品的生产，属于（　　）。

A. 大量生产　　B. 复杂生产　　C. 成批生产　　D. 单件生产

4. 单件小批生产的成本计算期通常与（　　）。

A. 产品生产周期一致　　B. 会计报告周期一致

C. 日历年度一致　　D. 生产费用发生期不一致

5. 成本计算的基本方法有（　　）。

A. 分批法、分步法、分类法　　B. 品种法、分批法、分步法

C. 品种法、分批法、分类法　　D. 分批法、分步法、定额法

四、多项选择题

1. 采掘、发电、自来水等生产属于（　　）。

A. 单步骤生产　B. 大量生产　C. 多步骤生产　D. 成批生产

2. 汽车制造、机器制造等生产属于（　　）。

A. 单步骤生产　B. 装配式多步骤生产

C. 大量生产　D. 连续式多步骤生产

3. 产品生产工艺过程、生产经营组织特点和成本管理要求对成本计算方法的影响，主要表现在对（　　）的影响等方面。

A. 成本核算对象

B. 成本计算期

C. 生产费用在完工产品与期末在产品之间的分配

D. 生产费用在成本核算对象之间的分配

4.（　　）等方法，属于成本计算的基本方法。

A. 品种法　B. 分批法　C. 分类法　D. 分步法

5.（　　）等方法，属于成本计算的辅助方法。

A. 分步法　B. 标准成本法　C. 定额法　D. 变动成本法

6. 企业确定的成本核算对象主要有（　　）。

A. 产品品种　B. 产品批次订单

C. 产品品种及其所经生产步骤　D. 产品生产计划或订货单

7. 某厂生产的甲产品需经过铸造、加工、装配三个车间加工，该产品有可能以一种成本计算方法为主结合采用（　　）等成本计算方法。

A. 品种法　B. 分步法　C. 约当产量法　D. 定额比例法

8. 标准成本法的特点是（　　）。

A. 计算产品的标准成本

B. 不计算产品的实际成本

C. 计算产品的实际成本

D. 实际生产费用脱离标准的差异计入当期损益

五、简答题

1. 确定产品成本计算方法的原则是什么？

2. 工业企业按其产品生产工艺过程的特点，可以分为哪几类？

3. 工业企业按其生产经营组织的特点，可以分为哪几类？

4. 生产工艺过程、生产经营组织特点和成本管理要求对成本计算方法有哪些影响？

5. 成本计算的基本方法有哪些？其命名的依据是什么？

6. 成本计算的辅助方法有哪些？各有何特点？

7. 为什么一般将标准成本法和变动成本法列作管理会计方法？

8. 在实际工作中，为什么一个企业往往同时采用多种成本计算方法，或者以一种方法为主，同时结合运用几种成本计算方法？

第10章

产品成本计算的品种法

【重点与难点】

重点：品种法的特点和成本计算程序。

难点：品种法的成本计算程序。

1. 品种法的含义和适用范围

（1）产品成本计算的品种法，是指以产品的品种作为成本核算对象，用以归集生产费用并计算产品成本的方法。

（2）品种法适用于大量大批单步骤生产，生产规模较小而且管理上又不要求按照生产步骤计算产品成本的大量大批多步骤生产，如企业内部供水、供电、供气等辅助生产单位。

2. 品种法的特点

（1）以产品品种作为成本核算对象。

（2）成本计算定期按月进行。

（3）有期末在产品时需要在完工产品和期末在产品之间分配生产费用。

3. 品种法的成本计算程序

（1）按照产品品种设置有关成本明细账。企业应在“生产成本”总分类账户下，设置“基本生产成本”和“辅助生产成本”二级账，同时按照企业确定的作为成本核算对象的产品品种，设置产品生产成本明细账（产品成本计算单），按照辅助生产车间或辅助生产提供的产品（劳务）品种，设置辅助生产成本明细账；在“制造费用”总分类账户下，按生产单位设置制造费用明细账。产品生产成本明细账和辅助生产成本明细账应当按照成本项目设专栏，制造费用明细账应当按费用项目设专栏。

（2）按产品品种归集、分配和结转本月发生的各项费用。根据各项费用发生的原始凭证和其他有关凭证，归集和分配材料费用、职工薪酬和其他各项费用。以成本中心为基础，按产品品种归集和分配生产费用时，凡能直接记入有关生产成本明细账的，应当直接记入；不能直接记入的，应当按照受益原则分配，然后根据有关费用分配表分别记入有关生产成本明细账。各生产单位发生的间接费用，先通过制造费用明细账归集，记入有关制造费用明细账。直接计入当期损益的管理费用、销售费用和财务费用，应分别记入有关期间费用明细账。

（3）归集、分配和结转辅助生产费用。根据辅助生产成本明细账归集的本月辅助生产费用总额，按照企业确定的辅助生产费用分配方法，分别编制各辅助生产单位的“辅助生产费用分配表”分配辅助生产费用。根据分配结果编制会计分录，分别记入有关产品成本明细账、制造费用明细账和期间费用明细账。辅助生产单位发生的制造费用，如果通过制造费用明细账归集，应在分配辅助生产费用前将制造费用明细账归集的制造费用分别转入各辅助生产成本明细账，并计入该辅助生产单位本期费用（成本）总额。

（4）归集、分配和结转基本生产单位制造费用。根据各基本生产单位制造费用明细账归集的本月制造费用，按照企业确定的制造费用分配方法，分别编制各生产单位的“制造费用分配表”分配。根据分配结果编制会计分录，分别记入有关产品生产成本明细账。

（5）计算本期（本月）完工产品实际总成本和单位成本。根据产品生产成本明细账归集的生产费用合计数（期初在产品成本加上本期生产费用），在本月完工产品和月末在产品之间分配生产费用，计算出本月完工产品的实际总成本和月末在产品成本。各产品完工产品实际总成本分别除以其实际总产量，即为该产品本月实际单位成本。

（6）结转完工产品成本。根据产品成本计算结果编制本月“完工产品成本汇总表”，编制结转本月完工产品成本的会计分录，并分别记入有关产品生产成本明细账和库存商品明细账。

【练习题】

一、填空题

1. 在成本计算方法中，________是最基本的方法。

2. 品种法是指以________作为成本核算对象来归集费用、计算产品成本的方法。

3. 品种法主要适用于________单步骤生产和管理上不要求分步计算成本的________，以及企业________生产单位。

4. 采用品种法，在生产多种产品的企业，应当按________分别设置生产成本明细账。

5. 品种法的成本计算期与________一致，与________不一致。

二、判断题

1. 从成本核算对象和成本计算程序来看，在各种成本计算方法中，品种法是最基本的方法。（　　）

2. 采用品种法，应当按照产品品种分别设置生产成本明细账（产品成本计算单）。（　　）

3. 品种法也就是简单法。（　　）

4. 采用品种法，不存在在完工产品和期末在产品之间分配生产费用的问题。（　　）

5. 多步骤生产不能采用品种法。（　　）

6. 企业的供水、供电等辅助生产单位，可以采用品种法计算成本。（　　）

7. 从生产组织形式看，品种法主要适用于大量大批生产。 （ ）

8. 品种法的成本计算期为定期按月，与产品生产周期不一致。 （ ）

三、单项选择题

1. 采用品种法，生产成本明细账（产品成本计算单）应当按照（ ）分别开设。

A. 生产单位　B. 产品品种　C. 生产步骤　D. 产品类别

2. 在各种成本计算方法中，品种法的成本计算程序（ ）。

A. 最具有特殊性　B. 最具有代表性

C. 最不完善　D. 与其他方法的成本计算程序完全不同

3. 品种法在本期完工产品和期末在产品之间分配生产费用的特点是（ ）。

A. 没有在产品，不需要分配

B. 通常有在产品，需要分配

C. 管理上不要求分步计算成本的多步骤生产通常有在产品，需要分配

D. 大量大批单步骤生产都有在产品，需要分配

4. 品种法的成本计算期的特点是（ ）。

A. 定期按月计算成本，与生产周期一致

B. 定期按月计算成本，与会计报告期一致

C. 不定期计算成本，与生产周期一致

D. 不定期计算成本，与会计报告期不一致

四、多项选择题

1. 品种法的适用范围有（ ）。

A. 大量大批单步骤生产

B. 管理上不要求分步计算成本的大量大批多步骤生产

C. 大量大批多步骤生产

D. 单件小批生产

2. 品种法是成本计算最基本的方法，这是因为（ ）。

A. 各种方法最终都要计算出各产品品种的成本

B. 品种法成本计算程序是成本计算的一般程序

C. 品种法定期按月计算成本

D. 品种法不需要进行费用分配

3. 下列企业中，适于采用品种法计算其产品成本的有（ ）。

A. 采掘企业　B. 汽车制造企业

C. 供水、供电企业　D. 小型水泥厂

4. 品种法的特点有（ ）。

A. 以产品品种作为成本核算对象

B. 定期按月计算产品成本

C. 当有在产品时，需要在完工产品和期末在产品之间分配生产费用

D. 需要采用一定方法，在各生产步骤之间分配生产费用

五、简答题

1. 简述品种法的适用范围。
2. 简述品种法的特点。
3. 简述品种法的成本计算程序。

【实务训练】

实训：产品成本计算的品种法

［资料］青园工厂设有一个基本生产车间和供电、供气两个辅助生产车间，大量生产甲、乙两种产品，根据生产经营特点和成本管理要求，该厂以生产车间为成本中心，采用品种法计算产品成本。有关成本计算资料如下：

（1）月初在产品成本。甲产品月初在产品成本为 46 008 元，其中，直接材料 20 400 元，燃料和动力 6 000 元，直接人工 12 320 元，制造费用 7 288 元；乙产品没有月初在产品。

（2）本月生产数量情况如下：

①基本生产车间甲产品 10 月份实际生产工人工时为 40 500 小时，本月完工 800 件，月末在产品 400 件，在产品原材料已全部投入，加工程度为 50%。乙产品本月实际生产工人工时为 27 000 小时，本月完工 500 件，月末没有在产品。

②供电车间本月供电 306 000 度，其中，供气车间 30 000 度，基本生产车间产品生产 200 000 度，基本生产车间一般消耗 10 000 度，厂部管理部门消耗 66 000 度。

③供气车间本月供应水蒸气 14 500 立方米，其中，供电车间 1 000 立方米，基本生产车间一般消耗 10 000 立方米，厂部管理部门 3 500 立方米。

（3）本月发生生产费用情况如下：

①本月“发出材料汇总表”见表 10-1。

表 10-1　　发出材料汇总表

材料类别：原材料　　20××年 3 月　　金额单位：元

领料用途	直接领用材料	共同耗用材料	耗用材料合计
产品生产直接消耗	300 000	60 000	360 000
甲产品	200 000		
乙产品	100 000		
基本生产车间一般消耗	4 000		4 000
供电车间消耗	62 000		62 000
供气车间消耗	10 000		10 000
厂部管理部门消耗	6 000		6 000
合　计	382 000	60 000	442 000

②本月“人工费用汇总表”见表 10-2。

表 10-2　**人工费用汇总表**

20××年 3 月　　金额单位：元

人员类别	人工费用总额
产品生产工人	307 800
供电车间人员	11 400
供气车间人员	13 680
基本生产车间管理人员	9 120
厂部管理人员	34 200
合　计	376 200

③本月应提折旧费 49 000 元，其中，基本生产车间 30 000 元，供电车间 6 000 元，供气车间 5 000 元，厂部管理部门 8 000 元。

④本月应摊销长期待摊费用 5 000 元，其中，基本生产车间 2 000 元，供电车间 1 200 元，供气车间 800 元，厂部管理部门 1 000 元。

⑤本月以现金支付费用 6 000 元，其中，基本生产车间办公费 1 400 元，供电车间办公费 400 元，供气车间办公费 1 000 元，厂部管理部门办公费 600 元、差旅费 2 600 元。

⑥本月以银行存款支付的费用为 71 000 元，其中，基本生产车间水费 2 000 元、办公费 1 000 元，供电车间外购电力和水费 40 000 元，供气车间水费 22 000 元，厂部管理部门办公费 1 800 元、修理费 4 000 元、招待费 200 元。

[要求]（1）开设甲产品、乙产品成本计算单（见表 10-11、表 10-12）；开设供电车间、供气车间生产成本明细账（见表 10-5、表 10-6）；开设基本生产车间制造费用明细账（见表 10-9）和管理费用明细账（见表 10-13）。其他总账和明细账从略。供电车间和供气车间发生的制造费用，分别记入各自生产成本明细账，不通过“制造费用”账户。

（2）根据资料进行费用分配和成本计算，并编制会计分录，具体要求如下：

①根据甲、乙两种产品直接耗用原材料比例分配共同用料（见表 10-3），根据“发出材料汇总表”（见表 10-1）和直接材料费用分配结果（见表 10-3）编制会计分录并记入有关账户。

表 10-3　**直接材料费用分配表**

20××年 3 月　　金额单位：元

产品	直接耗用材料	分配率	分配共同用料	直接材料费用合计
甲产品				
乙产品				
合计				

②根据甲、乙两种产品的实际生产工人工时分配直接人工费用（见表 10-4），根据人工费用汇总表（见表 10-2）及直接人工费用分配结果（见表 10-4），编制会计分录并记入有关账户。

表 10-4　**直接人工费用分配表**

20××年 3 月　金额单位：元

产品	生产工人工时（小时）	分配率	分配金额
甲产品			
乙产品			
合计			

③编制计提本月折旧的会计分录并记入有关账户。

④编制本月分摊长期待摊费用的会计分录并记入有关账户。

⑤编制本月以现金支付费用的会计分录并记入有关账户。

⑥编制本月以银行存款支付费用的会计分录并记入有关账户。

⑦采用计划成本分配法编制辅助生产费用分配表（见表 10-7），采用生产工时分配法编制产品生产用电分配表（见表 10-8）。辅助生产车间计划单位成本每度电为 0.40 元，水蒸气每立方米为 4.60 元，成本差异计入管理费用；根据辅助生产费用分配表（见表 10-7）和产品生产用电分配表（见表 10-8），编制会计分录并记入有关账户。

⑧采用生产工人工时分配法编制基本生产车间制造费用分配表（见表 10-10），根据表 10-10 的分配结果编制会计分录并记入有关账户。

表 10-5　**辅助生产成本明细账**

生产单位：供电车间　单位：元

摘要	费用项目			合计
	直接人工	燃料和外购电力	其他费用	

表 10-6　　**辅助生产成本明细账**

生产单位：供气车间　　单位：元

摘要	费用项目			合计
	直接人工	材料费和水电费	其他费用	

表 10-7　　**辅助生产费用分配表（计划成本分配法）**

20××年3月　　金额单位：元

项目	供电车间		供气车间	
	劳务量（度）	金额	劳务量（立方米）	金额
待分配费用				
劳务供应量				
计划单位成本				
受益部门和单位：				
供电车间				
供气车间				
基本生产车间产品生产				
基本生产车间一般耗用				
管理部门耗用				
按计划成本分配合计				
辅助生产车间实际成本				
辅助生产车间成本差异				

表 10-8　　**产品生产用电分配表**

20××年3月　　金额单位：元

产品	生产工人工时（小时）	分配率（元/小时）	分配金额
甲产品			
乙产品			
合计			

表10-9 制造费用明细账

生产单位：基本生产车间 单位：元

摘要	费用项目						合计
	机物料消耗	管理人员薪酬	折旧费	办公费	水电费	其他	
车间耗用材料							
管理人员薪酬							
计提折旧费							
摊销费用							
购办公用品							
付水电费							
购办公用品							
分配辅助费用							
本月发生额							
月末分配结转							

表10-10 基本生产车间制造费用分配表

20××年3月 金额单位：元

产品	生产工人工时（小时）	分配率（元/小时）	分配金额
甲产品			
乙产品			
合计			

⑨采用约当产量法计算甲产品月末在产品成本（见表10-11），编制结转甲、乙两种产品完工产品成本的会计分录。

表10-11 产品成本计算单 金额单位：元

产品：甲产品 20××年3月 完工产量：800件

摘要	直接材料	燃料和动力	直接人工	制造费用	合计
月初在产品成本					
本月生产费用					
生产费用合计					
完工产品产量					
在产品约当量					
生产总量					
分配率（单位成本）					
本月完工产品总成本					
月末在产品成本					

表 10-12　　**产品成本计算单**　　金额单位：元

产品：乙产品　　20××年 3 月　　完工产量：500 件

摘要	直接材料	燃料和动力	直接人工	制造费用	合计
本月生产费用					
生产费用合计					
分配率（本月完工产品单位成本）					
本月完工产品总成本					

⑩完成管理费用明细账（见表 10-13）的登记。

表 10-13　　**管理费用明细账**　　单位：元

摘要	费用明细项目								合计
	物料消耗	管理人员薪酬	业务招待费	折旧费	修理费	办公费	差旅费	水电费	
耗用材料									
管理人员薪酬									
计提折旧费									
摊销费用									
购办公用品									
付差旅费									
购办公用品									
付修理费									
付招待费									
分配辅助费用									
本月发生额									

第11章

产品成本计算的分批法

【重点与难点】

重点：分批法和简化的分批法的特点，简化的分批法的具体应用。

难点：简化的分批法的特点和累计费用分配率的具体计算。

1. 分批法的含义和适用范围

（1）产品成本计算的分批法，是指以产品的批次订单作为成本核算对象，用以归集生产费用、计算产品成本的方法。

（2）分批法适用于单件小批类型的单步骤生产或管理上不要求分步骤计算成本的多步骤生产企业，提供机器设备修理等劳务的企业或企业的生产单位，从事新产品试制、自制设备等生产任务的生产单位。

2. 分批法的特点和成本计算程序

（1）分批法的特点是以产品批次订单作为成本核算对象，成本计算期与生产周期一致，一般不需要在完工产品和期末在产品之间分配生产费用。

（2）分批法的成本计算程序与品种法相同。

3. 简化的分批法

（1）简化的分批法，是指只有在各批产品完工时，才分配结转间接计入费用，对于未完工的各批产品不分配间接计入费用，不计算各批产品的在产品成本，而是将其累计起来，在基本生产成本二级账中以总额反映。因此，简化的分批法也称为不分批计算在产品成本的分批法。这种方法将生产费用在各成本核算对象之间的横向分配与生产费用在完工产品和期末在产品之间的纵向分配合并在一起进行，大大简化了成本计算工作。

（2）简化的分批法的特点。

①必须设置基本生产成本二级账。采用简化的分批法，除了按照产品批次订单设置产品生产成本明细账（产品成本计算单）外，还必须按生产单位设置基本生产成本二级账。

②不分批计算在产品成本。月末将完工产品应负担的间接计入费用转入各完工批次产品生产成本明细账（产品成本计算单）以后，基本生产成本二级账反映全部批次月末在产

品的成本。各未完工批次的生产成本明细账（产品成本计算单）上只反映累计直接计入费用和累计工时，不反映各该批次的在产品成本。

③通过计算累计间接计入费用分配率来分配费用。间接计入费用在各批次产品之间的分配与在完工产品和在产品之间的分配，是利用计算出的累计间接计入费用分配率进行的，其计算公式如下：

$$\text{全部产品累计间接计入费用分配率}=\frac{\text{全部产品累计间接计入费用}}{\text{全部产品累计工时}}$$

$$\text{某批次完工产品应负担的间接计入费用}=\text{该批次完工产品累计工时}\times\text{全部产品累计间接计入费用分配率}$$

【练习题】

一、填空题

1. 分批法是以________作为成本核算对象，来归集生产费用并计算产品成本的方法。
2. 分批法适用于________单步骤生产或________多步骤生产。
3. 分批法的成本计算期与________一致。
4. 分批法一般不需要在________和________之间分配生产费用。
5. 分批法的成本计算程序与________基本相同。
6. 在简化的分批法下，________费用在各批产品之间的分配和在完工产品与在产品之间的分配是同时进行的。
7. 采用简化的分批法，各批次________产品不分配结转间接计入费用。
8. 采用简化的分批法，必须按生产单位设置________账。

二、判断题

1. 分批法的成本核算对象是产品订单。（　）
2. 分批法的成本计算程序与品种法基本上相同。（　）
3. 分批法的成本计算期与产品生产周期是一致的。（　）
4. 分批法适用于大量大批单步骤生产或管理上不要求分步骤计算成本的多步骤生产。（　）
5. 分批法应按产品批次订单（工作令号、生产通知单）设置生产成本明细账。（　）
6. 采用简化的分批法，完工产品不分配结转间接计入费用。（　）
7. 简化的分批法也称不分批计算完工产品成本分批法。（　）
8. 将间接计入费用在各批次产品之间的分配和在完工产品与在产品之间的分配结合起来，可以简化成本计算。（　）
9. 采用简化的分批法，基本生产成本二级账的余额也应与其所属明细账（产品成本计算单）余额之和相符。（　）
10. 某批次完工产品应负担的间接计入费用，是根据该批产品累计工时和全部产品累计间接计入费用分配率计算得到的。（　）

三、单项选择题

1. 分批法适用的生产组织形式是（　）。

A. 大量大批生产　B. 单件小批生产　C. 成批生产　D. 大量生产

2. 分批法的成本核算对象是（　　）。

A. 产品订单　B. 产品批次订单　C. 生产计划　D. 产品品种

3. 分批法的成本计算程序与（　　）基本一致。

A. 品种法　B. 分步法　C. 分类法　D. 定额法

4. 简化的分批法，（　　）。

A. 不分配结转完工产品直接计入费用

B. 不分配结转未完工产品直接计入费用

C. 不分配结转完工产品间接计入费用

D. 不分配结转未完工产品间接计入费用

5. 简化的分批法，（　　）的分配是同时进行的。

A. 间接计入费用在各批产品之间的分配和在完工产品与未完工产品之间

B. 生产费用在各批产品之间

C. 直接计入费用和间接计入费用

D. 间接计入费用在期末在产品之间

四、多项选择题

1. 分批法的适用范围包括（　　）等。

A. 单件小批单步骤生产

B. 提供劳务的生产

C. 管理上不要求分步计算成本的单件小批多步骤生产

D. 新产品试制、自制设备等生产

2. 分批法的特点包括（　　）。

A. 以产品批次订单作为成本核算对象

B. 成本计算期与产品生产周期一致

C. 一般不需要在完工产品和期末在产品之间分配生产费用

D. 期末在产品不负担间接计入费用

3. 简化的分批法的特点是（　　）。

A. 必须按生产单位设置基本生产成本二级账

B. 未完工产品不结转间接计入费用，即不分批计算期末在产品成本

C. 通过计算累计间接计入费用分配率分配完工产品应负担的间接计入费用

D. 期末在产品不负担间接计入费用

4. 采用简化的分批法，（　　）。

A. 直接计入费用发生时同时记入基本生产成本二级账及其所属产品生产成本明细账

B. 间接计入费用发生时同时记入基本生产成本二级账及其所属产品生产成本明细账

C. 间接计入费用发生时记入基本生产成本二级账，不记入其所属产品生产成本明细账

D. 完工产品应负担的间接计入费用应记入各完工批次的产品生产成本明细账

5. 采用简化的分批法，基本生产成本二级账与其所属各批次产品生产成本明细账核对

的内容包括（　　）之和相等。

A. 基本生产成本二级账直接计入费用（直接材料项目）余额与各明细账余额

B. 基本生产成本二级账间接计入费用（人工费用、制造费用项目）余额与各明细账余额

C. 基本生产成本二级账累计工时与各明细账累计工时

D. 基本生产成本二级账期末余额与各明细账期末在产品成本

五、简答题

1. 简述分批法的适用范围。
2. 简述分批法的特点。
3. 简述简化的分批法的特点。
4. 简述累计间接计入费用分配率的计算方法。

【实务训练】

实训一：产品成本计算的分批法

［资料］南山工厂以生产车间为成本中心，第一生产车间20××年6月生产501批次甲产品、601批次乙产品、502批次丙产品三批产品，有关成本计算资料如下：

（1）月初在产品成本：501批次甲产品为104 000元，其中，直接材料84 000元，直接人工12 000元，制造费用8 000元；502批次丙产品124 000元，其中，直接材料120 000元，直接人工2 000元，制造费用2 000元。

（2）本月生产情况：501批次甲产品5月2日投产40件，本月26日已全部完工验收入库，本月实际生产工人工时8 000小时；601批次乙产品本月4日投产120件，本月已完工入库12件，本月实际生产工人工时4 400小时；502批次丙产品5月6日投产60件，本月尚未完工，本月实际生产工人工时4 000小时。

（3）本月发生生产费用：投入原材料396 000元，全部为601批次乙产品耗用；生产工人薪酬56 088元；本月制造费用总额44 280元。

（4）单位产品定额成本：601批次乙产品单位产品定额成本4 825元，其中，直接材料3 300元，直接人工825元，制造费用700元。

［要求］根据上述资料采用分批法计算产品成本，具体步骤如下：

（1）按产品批次订单开设产品成本计算单（见表11-3、表11-4、表11-5）并登记月初在产品成本。

（2）编制601批次乙产品耗用原材料的会计分录并记入产品成本计算单。

（3）采用生产工人工时分配法在各批产品之间分配本月发生的直接人工费用（见表11-1），根据分配结果编制会计分录并记入有关产品成本计算单。

表11-1　直接人工费用分配表

生产单位：第一生产车间　20××年6月　金额单位：元

产品	生产工人工时（小时）	分配率（元/小时）	分配金额
501批次甲产品			
601批次乙产品			
502批次丙产品			
合计			

（4）采用生产工人工时分配法在各批产品之间分配本月发生的制造费用（见表11-2），根据分配结果编制会计分录并记入有关产品成本计算单。

表11-2　制造费用分配表

生产单位：第一生产车间　20××年6月　金额单位：元

产品	生产工人工时（小时）	分配率（元/小时）	分配金额
501批次甲产品			
601批次乙产品			
502批次丙产品			
合计			

（5）计算本月完工产品和月末在产品成本，编制结转完工产品成本的会计分录。601批次乙产品本月少量完工，其完工产品成本按定额成本结转。

表11-3　第一车间产品成本计算单

批别：501批次　开工日期：5月 2日

产品：甲产品　批量：40件　金额单位：元　完工日期：6月26日

摘要	直接材料	直接人工	制造费用	合计

表 11-4　**第一车间产品成本计算单**

批别：601 批次　　　　　　　　　　　　　　开工日期：6月4日

产品：乙产品　　批量：120件　　金额单位：元　　完工日期：　月　日

摘要	直接材料	直接人工	制造费用	合计

表 11-5　**第一车间产品成本计算单**

批别：502 批次　　　　　　　　　　　　　　开工日期：5月6日

产品：丙产品　　批量：60件　　金额单位：元　　完工日期：　月　日

摘要	直接材料	直接人工	制造费用	合计

实训二：简化的分批法

［资料］南山工厂以生产车间为成本中心，第二生产车间成批生产多种产品，为简化核算，采用简化的分批法进行成本计算。20××年 6 月有关成本计算资料如下：

（1）生产情况见表 11-6。

表 11-6　**第二车间产品生产批次表**

20××年 6 月

批　号	产　品	批量（件）	投产日期	完工日期
9801	A产品	100	1月6日	6月20日
9802	B产品	40	2月24日	6月25日
9803	C产品	200	3月5日	未完工
9804	D产品	20	4月24日	未完工
9805	E产品	80	6月10日	未完工

（2）月初在产品成本 1 340 000 元，其中，直接材料 800 000 元（9801 批次 400 000 元，9802 批次 160 000 元，9803 批次 200 000 元，9804 批次 40 000 元），直接人工 295 000 元，制造费用 245 000 元；月初在产品累计生产工人工时 100 000 小时，其中，9801 批次 34 000 小时，9802 批次 28 000 小时，9803 批次 32 000 小时，9804 批次 6 000 小时。

（3）本月发生直接材料费 200 000 元，全部为 9805 批次 E 产品所耗用；直接人工 84 200 元，制造费用 59 624 元；本月实际生产工人工时为 26 400 小时，其中，9801 批次 6 000 小时，9802 批次 4 000 小时，9803 批次 7 000 小时，9804 批次 5 000 小时，9805 批次 4 400 小时。

［要求］（1）开设第二车间基本生产成本二级账（见表 11-7）和按产品批次设置的生产成本明细账（见表 11-8 至表 11-12），并登记期初余额。

表 11-7　　基本生产成本二级账

生产单位：第二生产车间　　金额单位：元

20××年		凭证字号	摘要	直接材料	生产工人工时（小时）	直接人工	制造费用	成本合计
月	日							
5	31	略	月初在产品成本					
6	30		发生材料费用					
	30		分配职工薪酬					
	30		分配制造费用					
	30		本月发生生产费用					
	30		累计生产费用					
	30		累计间接计入费用分配率					
	30		转出本月完工产品成本					
	30		月末在产品成本					

表 11-8　　第二车间生产成本明细账

批号：9801　　投产日期：1月 6日

产品名称：A产品　　批量：100件　　金额单位：元　　完工日期：6月20日

20××年		摘要	直接材料	生产工人工时（小时）	直接人工	制造费用	成本合计
月	日						

表 11-9　**第二车间生产成本明细账**

批号：9802　　投产日期：2月24日

产品名称：B产品　批量：40件　金额单位：元　　完工日期：6月25日

20××年		摘要	直接材料	生产工人工时（小时）	直接人工	制造费用	成本合计
月	日						

表 11-10　**第二车间生产成本明细账**

批号：9803　　投产日期：3月5日

产品名称：C产品　批量：200件　金额单位：元　　完工日期：　月　日

20××年		摘要	直接材料	生产工人工时（小时）	直接人工	制造费用	成本合计
月	日						

表 11-11　**第二车间生产成本明细账**

批号：9804　　投产日期：4月24日

产品名称：D产品　批量：20件　金额单位：元　　完工日期：　月　日

20××年		摘要	直接材料	生产工人工时（小时）	直接人工	制造费用	成本合计
月	日						

表 11-12　**第二车间生产成本明细账**

批号：9805　　投产日期：6月10日

产品名称：E产品　批量：80件　金额单位：元　　完工日期：　月　日

20××年		摘要	直接材料	生产工人工时（小时）	直接人工	制造费用	成本合计
月	日						

（2）登记本月发生生产费用，并按累计间接计入费用分配法在本月完工产品和月末在产品之间分配。

（3）编制完工产品成本汇总表（见表 11-13），结转本月完工产品成本。

表 11-13　第二车间完工产品成本汇总表

20××年 6 月　金额单位：元

成本项目	A 产品（产量 100 件）		B 产品（产量 40 件）	
	总成本	单位成本	总成本	单位成本
直接材料				
直接人工				
制造费用				
合　计				

第12章

产品成本计算的分步法

【重点与难点】

重点：分步法的含义、特点、成本计算程序和方法，逐步结转分步法和平行结转分步法的区别。

难点：成本还原的方法和平行结转分步法中广义在产品约当量的计算方法。

1. 分步法的含义和适用范围

产品成本计算的分步法，是指以产品的品种及其所经生产步骤作为成本核算对象来归集生产费用、计算产品成本的方法。分步法主要适用于管理上要求分步计算成本的大量大批多步骤生产企业。

（1）逐步结转分步法，是按照生产步骤逐步计算并结转半成品成本，直到最后步骤计算出产成品成本的方法，也称为计算半成品成本的分步法。逐步结转分步法主要适用于：①自制半成品可以加工为不同产品的企业；②有自制半成品对外销售的企业；③需要考核自制半成品成本的企业。

（2）平行结转分步法，是将各生产步骤应计入相同产成品成本的份额平行汇总以求得产成品成本的方法。平行结转分步法按照生产步骤归集费用，但只计算完工产成品在各生产步骤的成本“份额”，不计算和结转各生产步骤的半成品成本，因此，也称为不计算半成品成本的分步法。平行结转分步法主要适用于成本管理上要求分步归集费用，但没有半成品对外销售，不要求计算半成品成本的企业。

2. 分步法的特点

（1）以产品的品种及其所经生产步骤作为成本核算对象。逐步结转分步法的成本核算对象是产成品及其所经生产步骤的半成品。平行结转分步法的成本核算对象是产成品及其所经生产步骤。分步法中作为成本核算对象的生产步骤，是按照企业成本管理的要求来划分的。它与产品的实际生产步骤（加工步骤）可能一致，也可能不完全一致。

（2）成本计算定期按月进行，与产品生产周期不一致。

（3）通常需要在完工产品与在产品之间分配生产费用。生产费用，于逐步结转分步法是指本步发生的费用加上上步转入的半成品成本，于平行结转分步法仅指本步发生的费用；完工产品，于逐步结转分步法是指本生产步骤已经完工的半成品（最后生产步骤为产成品），于平行结转分步法是指企业最终完工的产成品；月末在产品，于逐步结转分步法是指本生产步骤正在加工尚未完工的在制品，即狭义的在产品，于平行结转分步法是指广义的在产品，既包括本生产步骤正在加工的在制品（狭义在产品），又包括本步骤已经加工完成，已经转入以后各生产步骤，但尚未最终制成产成品的自制半成品。

3. 分步法的成本计算程序

（1）逐步结转分步法的成本计算程序：先计算第一步骤所产半成品成本，并将其转入第二步骤；然后将第二步骤本步发生的各种费用，加上第一步骤转入的半成品成本，计算出第二步骤所产半成品成本，并将其转入第三步骤；这样按照生产步骤逐步计算并且结转半成品成本以后，在最后步骤计算出完工产成品成本。

综合结转，是将上一生产步骤转入下一生产步骤的半成品成本，不分成本项目，全部记入下一生产步骤产品生产成本明细账中的“直接材料”成本项目或专设的“自制半成品”成本项目，综合反映各步骤所耗上一步骤所产半成品成本；分项结转，是将上一生产步骤转入下一生产步骤的半成品成本，按其原始成本项目，分别记入下一生产步骤产品生产成本明细账中对应的成本项目之中，分项反映各步骤所耗上一步骤所产半成品成本。

（2）平行结转分步法的成本计算程序：先由各生产步骤计算出某产品在本步骤所发生的各种费用；然后将各生产步骤该产品所发生的费用在最终产品与月末在产品（广义在产品）之间进行分配，确定各生产步骤应计入产成品成本的“份额”；最后，将各生产步骤应计入相同产成品成本的份额直接相加（汇总），计算出最终产成品的实际总成本。

4. 平行结转分步法与逐步结转分步法的区别

（1）成本管理的要求不同。平行结转分步法在管理上要求分步归集费用，但不要求计算半成品成本，是不计算半成品成本的分步法。当企业半成品的种类比较多，且不对外销售时，在成本管理上可以不要求计算半成品成本。这时，采用平行结转分步法可以简化和加速成本核算工作。逐步结转分步法在管理上要求计算半成品成本，是计算半成品成本的分步法。当企业半成品可以加工为多种产成品，或者有自制半成品对外销售，或者需要进行半成品成本控制和同行业半成品成本比较时，在成本管理上必然要求计算半成品成本。这时，采用逐步结转分步法可以为分析和考核各生产步骤半成品成本计划的执行情况，以及正确计算自制半成品的销售成本提供资料。

（2）产成品成本的计算方式不同。平行结转分步法是将各生产步骤应计入相同产成品成本的份额汇总来求得产成品成本，各生产步骤只归集本步发生的生产费用，应计入产成品成本的份额可以同时进行计算，不需要等待，从而简化和加速成本核算工作。逐步结转分步法是按照产品成本核算所划分的生产步骤逐步计算和结转半成品成本，直到最后步骤计算出产成品成本，各生产步骤的成本核算要等待上一步骤的成本核算结果（转入的半成品成本数额），半成品按实际成本综合结转时，为了从整个企业的角度反映产品成本的构成，必须进行成本还原，从而增加了成本核算的工作量。采用分项结转方式时，虽然可以直接、正确地提供按原始成本项目反映的产品成本构成，不需要进行成本还原，但成本结转工作比较复杂，在各生产步骤完工产品成本中不能直接反映所耗上一步骤的半成品费用，不便于成本分析。半成品按计划成本结转时，各生产步骤的成本核算工作可以同时进行，但存在半成品成本差异的计算和分摊问题，也比较复杂。

（3）在产品的含义不同。平行结转分步法不计算也不结转半成品成本，各生产步骤完工产品仅指最终产成品所耗用的本步骤的半成品；期末在产品则既包括本步骤正在加工的在制品，又包括已经完工交给以后各步骤但尚未最终完工的半成品，即广义在产品。半成品的实物已经转移，但成本仍留在本步骤；即使有半成品仓库办理半成品的收入、发出和存放，也只进行数量核算。各生产步骤产品生产成本明细账中的月末在产品成本，与该步骤月末在产品的实物不相符。这样，不利于加强在产品和自制半成品的管理。逐步结转分步法计算并结转半成品成本，半成品成本随着其实物的转移而结转，设有半成品仓库时，设置“自制半成品”账户，同时进行数量和金额的核算。各生产步骤的完工产品是指本步骤已经完工的半成品（最后步骤为产成品），在产品仅指本步骤正在加工的在制品，即狭义在产品。这样，各生产步骤产品生产成本明细账中的月末在产品成本，与该步骤月末在产品的实物一致，有利于加强在产品和自制半成品的管理。

【练习题】

一、填空题

1. 分步法是以________及其所经过的________作为成本计算对象，来归集费用、计算产品成本的方法。

2. 分步法中作为成本计算对象的生产步骤，与实际生产步骤可能________，也可能________。它是按照________的要求来划分的。

3. 分步法适用于________的大量大批多步骤生产企业。

4. 分步法的成本计算期与________一致，与________不一致。

5. 分步法各生产步骤的成本计算和结转，有两种方式，即________分步法和________分步法。

6. 逐步结转分步法也称为________成本的方法。它是逐步计算并结转________，直到________计算出产成品成本的方法。

7. 平行结转分步法是将各生产步骤应计入________成本的份额________，以求得产成品成本的方法。

8. 采用逐步结转分步法，按照半成品成本在下一步骤产品成本计算单中反映方法的不同，分为________和________两种方式。

9. 采用逐步结转分步法的综合结转方式时，为了反映产品成本的________，必须对自制半成品项目的成本进行________。

10. 采用逐步结转分步法，各步骤成本计算单中归集的费用，应在本步骤________与________之间分配。

11. 采用平行结转分步法，各步骤成本计算单中归集的费用，应在________与________之间分配。

12. 逐步结转分步法主要适用于有半成品________和________半成品成本的企业，特别是大量大批________多步骤生产企业。

13. 平行结转分步法主要适用于在成本管理上________计算半成品成本，但需要分步控制费用的企业，特别是大量大批________多步骤生产企业。

14. 分项结转是将上一步骤转入下一步骤的半成品成本________记入下一步骤成本计算单中各对应的成本项目中。

二、判断题

1. 分步法适用于大量大批单步骤生产企业，如发电、供水等企业。（　）

2. 分步法的成本计算期与产品生产周期不一致，但与会计报告期一致。（　）

3. 分步法的成本核算对象是产品品种及其所经生产步骤。（　）

4. 需要计算半成品成本是分步法区别于品种法和分批法的标志。（　）

5. 采用逐步结转分步法，各生产步骤半成品成本结转与其实物转移不一致。（　）

6. 采用逐步结转分步法，各生产步骤产品成本计算单的月末余额就是各步骤该产品实际结存的在产品成本，即狭义在产品成本，月末在产品成本与该步骤在产品实物一致。（　）

7. 逐步结转分步法采用分项结转方式时，为了反映产成品成本的原始构成，必须进行成本还原。（　）

8. 综合结转是将上一步骤转入下一步骤的半成品成本，不分成本项目，全部记入下一步骤产品成本计算单中的“直接材料”项目或“自制半成品”项目。（　）

9. 分项结转是不计算半成品成本的分步法。（　）

10. 成本还原是将各生产步骤停留在以后步骤的半成品成本还原为原来成本。（　）

11. 成本还原是从最后一个生产步骤开始，将最终产成品所耗自制半成品的综合成本，逐步由后一步骤向前一步骤还原，直到第一生产步骤为止。（　）

12. 采用逐步结转分步法，完工产品是指最后步骤的产成品，在产品是指广义在产品。（　）

13. 采用平行结转分步法，在产品是指广义在产品，半成品实物转移，但成本不结转。（　）

14. 逐步结转分步法的分项结转适用于管理上不要求计算半成品成本的企业。（　）

三、单项选择题

1. 半成品实物转移，成本也随之结转的成本计算方法是（　）。

A. 分批法　B. 逐步结转分步法　C. 分步法　D. 平行结转分步法

2. 不计算半成品成本的分步法是指（　）分步法。

A. 综合结转方式　B. 逐步结转　C. 分项结转方式　D. 平行结转

3. 分步法的适用范围是（　）。

A. 大量大批单步骤生产

B. 大量大批多步骤生产

C. 单件小批多步骤生产

D. 管理上要求分步计算成本的大量大批多步骤生产

4. 分步法中需要进行成本还原的成本计算方法是（　）。

A. 综合结转方式　B. 逐步结转方式　C. 分项结转方式　D. 平行结转方式

5. 成本还原是将（　）成本中自制半成品项目的成本还原为原始成本项目的成本。

A. 在产品　B. 产成品　C. 半成品　D. 自制半成品

6. 采用逐步结转分步法，各步骤期末在产品是指（　）。

A. 广义在产品　B. 自制半成品　C. 狭义在产品　D. 合格品和废品

7. 成本还原应从（　）生产步骤开始。

A. 第一个　B. 最后一个　C. 任意一个　D. 中间一个

8. 在下列企业中，（　）必须采用逐步结转分步法。

A. 有自制半成品生产的企业　B. 有自制半成品交给下一步骤的企业

C. 有自制半成品对外销售的企业　D. 没有自制半成品生产的企业

四、多项选择题

1. 应当采用逐步结转分步法计算成本的企业主要有（　）。

A. 自制半成品可加工为多种产品的企业

B. 有自制半成品对外销售的企业

C. 需要考核自制半成品成本的企业

D. 生产多种产品的企业

2. 采用逐步结转分步法时，半成品成本的计算和结转，可以采用（　）两种方式。

A. 综合结转　B. 逐步结转　C. 分项结转　D. 平行结转

3. 分步法中能够直接反映产成品成本的原始构成项目的成本计算方法有（　）。

A. 逐步结转分步法　B. 逐步综合结转方式

C. 平行结转分步法　D. 逐步分项结转方式

4. 采用平行结转分步法，各生产步骤的期末在产品包括（　）。

A. 本步骤正在加工的在制品

B. 上步骤正在加工的在制品

C. 已转入下一步骤的自制半成品

D. 已转入下一步骤的尚未最终完工的自制半成品

5. 逐步结转分步法的特征有（　）。

A. 管理上要求计算半成品成本　B. 最后生产步骤计算的是产成品成本

C. 半成品实物转移成本随之结转　D. 期末在产品指狭义在产品

6. 逐步结转分步法中，综合结转方式的特征有（　）。

A. 能反映所耗上一步骤半成品的成本水平

B. 能反映所耗上一步骤半成品的成本构成

C. 能反映本步骤加工费用水平

D. 需要进行成本还原

7. 采用平行结转分步法计算产品成本一般应符合（　）等条件。

A. 半成品种类较多，但管理上不要求计算半成品成本

B. 半成品种类较多，但管理上要求计算半成品成本

C. 有自制半成品对外销售，不需要核算半成品成本

D. 自制半成品不被企业多种产品生产所消耗

8. 平行结转分步法的特征有（ ）。

A. 管理上要求分步归集费用但不要求计算半成品成本

B. 将各步骤应计入相同产成品成本的份额平行汇总求得产成品成本

C. 没有自制半成品对外销售，不需要考核半成品成本

D. 期末在产品是指广义在产品

五、简答题

1. 什么是分步法？其成本核算对象有何特点？
2. 简述逐步结转分步法的适用范围。
3. 简述平行结转分步法的适用范围。
4. 简述逐步结转分步法的成本计算程序。
5. 简述平行结转分步法的成本计算程序。
6. 什么是成本还原？为什么要进行成本还原？
7. 半成品成本的综合结转和分项结转各有何优缺点？
8. 简述成本还原的步骤。
9. 简述平行结转分步法中期末在产品的含义。
10. 简述平行结转分步法与逐步结转分步法的区别。

【实务训练】

实训一：逐步结转分步法（综合结转方式）

［资料］青山工厂以生产车间为成本中心，生产的甲产品顺序经过第一车间、第二车间和第三车间三个基本生产车间加工，第一车间完工产品为 A 半成品，完工后全部交第二车间继续加工；第二车间完工产品为 B 半成品，完工后全部交第三车间继续加工；第三车间完工产品为甲产品产成品。甲产品原材料在第一车间生产开始时一次投入，各车间的工资和费用发生比较均衡，月末在产品完工程度均为 50%。本月有关成本计算资料如下：

（1）生产数量资料见表 12-1。

表 12-1 生产数量资料

产品：甲产品　　20××年 3 月　　实物单位：件

项目	第一车间	第二车间	第三车间
月初在产品数量	50	100	200
本月投入或上步转入数量	550	500	500
本月完工转入下步或交库数量	500	500	550
月末在产品数量	100	100	150

（2）生产费用资料见表 12-2。

表 12-2　　生产费用资料

产品：甲产品　　20××年 3 月　　金额单位：元

项目	第一车间	第二车间	第三车间
月初在产品成本	36 250	130 000	400 000
其中：直接材料（自制半成品）	25 000	95 000	330 000
直接人工	6 250	20 000	40 000
制造费用	5 000	15 000	30 000
本月本步发生生产费用	511 250	350 000	367 500
其中：直接材料	275 000		
直接人工	131 250	200 000	210 000
制造费用	105 000	150 000	157 500

[要求] 根据资料采用逐步结转分步法（综合结转方式）计算甲产品及其 A 半成品、B 半成品成本（月末在产品成本按约当产量法计算），编制结转完工产成品的会计分录，登记产品成本计算单（见表 12-3、表 12-4、表 12-5）。

表 12-3　　第一车间产品成本计算单

产品：A 半成品　　20××年 3 月　　金额单位：元

摘要	直接材料	直接人工	制造费用	合计
月初在产品成本				
本月本步发生费用				
生产费用合计				
本月完工产品数量				
月末在产品约当量				
约当总产量				
本月完工产品单位成本				
结转本月完工产品总成本				
月末在产品成本				

表 12-4　　第二车间产品成本计算单

产品：B 半成品　　20××年 3 月　　金额单位：元

摘要	上步转入	本步发生		合计
	A 半成品	直接人工	制造费用	
月初在产品成本				
本月本步发生费用				
本月上步转入费用				
生产费用合计				
本月完工产品数量				
月末在产品约当量				
约当总产量				
本月完工产品单位成本				
结转本月完工产品总成本				
月末在产品成本				

表12-5　**第三车间产品成本计算单**

产品：甲产品　20××年3月　金额单位：元

摘要	上步转入	本步发生		合计
	B半成品	直接人工	制造费用	
月初在产品成本				
本月本步发生费用				
本月上步转入费用				
生产费用合计				
本月完工产品数量				
月末在产品约当量				
约当总产量				
本月完工产成品单位成本				
结转本月完工产成品总成本				
月末在产品成本				

实训二：半成品成本综合结转的成本还原

[资料] 同实训一。

[要求] 采用两种方法，对青山工厂第三车间所产甲产品总成本中的自制半成品成本进行成本还原，完成产品成本还原计算表（见表12-6、表12-7）。

表12-6　**产品成本还原计算表**

产品：甲产品　产量：550件　20××年3月　金额单位：元

摘要	成本项目					
	B半成品	A半成品	直接材料	直接人工	制造费用	合计
①还原前总成本						
②B半成品成本构成						
③B半成品成本还原						
④A半成品成本构成						
⑤A半成品成本还原						
⑥还原后总成本						
⑦还原后单位成本						

表12-7　**产品成本还原计算表**

产品：甲产品　产量：550件　20××年3月　金额单位：元

摘要	成本还原分配率	成本项目					
		B半成品	A半成品	直接材料	直接人工	制造费用	合计
①还原前总成本							
②本月所产B半成品成本							
③B半成品成本还原							
④本月所产A半成品成本							
⑤A半成品成本还原							
⑥还原后总成本							
⑦还原后单位成本							

实训三：平行结转分步法

［资料］南岭工厂以生产车间为成本中心，生产的甲产品顺序经过第一车间、第二车间和第三车间三个基本生产车间加工，原材料在第一车间生产开始时一次投入，各车间工资和费用发生比较均衡，月末本车间在产品完工程度均为 50%，本月有关成本计算资料如下：

（1）生产数量资料见表 12-8。

表 12-8　南岭工厂生产数量资料

产品：甲产品　20××年 3 月　实物单位：件

项目	第一车间	第二车间	第三车间
月初在产品数量	50	100	200
本月投入或上步转入数量	550	500	500
本月完工转入下步或交库数量	500	500	550
月末在产品数量	100	100	150

（2）生产费用资料见表 12-9。

表 12-9　南岭工厂生产费用资料

产品：甲产品　20××年 3 月　金额单位：元

项目	第一车间	第二车间	第三车间
月初在产品成本	321 250	175 000	70 000
其中：直接材料	175 000		
直接人工	81 250	100 000	40 000
制造费用	65 000	75 000	30 000
本月本步发生生产费用	511 250	350 000	367 500
其中：直接材料	275 000		
直接人工	131 250	200 000	210 000
制造费用	105 000	150 000	157 500

［要求］根据资料采用平行结转分步法计算甲产品成本，记入产品成本计算单（见表 12-10、表 12-11、表 12-12）和产品成本计算汇总表（见表 12-13），根据产品成本计算汇总表编制会计分录。

表 12-10　第一车间产品成本计算单

产品：甲产品　20××年 3 月　金额单位：元

摘要		直接材料	直接人工	制造费用	合计
月初在产品成本					
本月发生生产费用					
生产费用合计					
最终产成品数量					
在产品约当量	本步在产品约当量				
	已交下步未完工半成品				
	在产品约当量小计				
生产总量（分配标准）					
单位产成品成本份额					
结转本月 550 件产成品成本份额					
月末在产品成本					

表12-11　**第二车间产品成本计算单**

产品：甲产品　20××年3月　金额单位：元

摘要		直接材料	直接人工	制造费用	合计
月初在产品成本					
本月发生生产费用					
生产费用合计					
最终产成品数量					
在产品约当量	本步在产品约当量				
	已交下步未完工半成品				
	在产品约当量小计				
生产总量（分配标准）					
单位产成品成本份额					
结转本月550件产成品成本份额					
月末在产品成本					

表12-12　**第三车间产品成本计算单**

产品：甲产品　20××年3月　金额单位：元

摘要		直接材料	直接人工	制造费用	合计
月初在产品成本					
本月发生生产费用					
生产费用合计					
最终产成品数量					
在产品约当量	本步在产品约当量				
	已交下步未完工半成品				
	在产品约当量小计				
生产总量（分配标准）					
单位产成品成本份额					
结转本月550件产成品成本份额					
月末在产品成本					

表12-13　**产品成本计算汇总表**

产品：甲产品　产量：550件　20××年3月　金额单位：元

车间	直接材料	直接人工	制造费用	合计
第一车间				
第二车间				
第三车间				
本月完工产成品总成本				
本月完工产成品单位成本				

第13章

产品成本计算的分类法

【重点与难点】

重点：分类法的特点和成本计算程序。

难点：生产成本在类内各种（规格、型号）产品之间进行分配的方法。

1. 分类法的含义和适用范围

（1）产品成本计算的分类法，是以产品的类别作为成本核算对象，用以归集生产费用，计算出各类产品实际成本，再在类内产品之间进行成本分配，计算出类内各种产品成本的方法。

（2）分类法主要适用于产品品种、规格繁多，并且可以按照一定要求和标准划分为类别的企业或企业的生产单位。分类法与企业的生产类型没有直接联系，只要企业（或生产单位）的产品可以按照其性质、用途、生产工艺过程和原材料消耗等方面的特点划分为一定类别，都可以采用分类法。企业联产品和副产品的成本计算，也可以采用分类法。

2. 分类法的特点

（1）以产品的类别作为成本核算对象。

（2）需要采用一定方法，在类内产品之间进行成本分配。

3. 分类法的成本计算程序

（1）按产品类别设置生产成本明细账（产品成本计算单），计算出各类产品实际总成本。

（2）选择合理标准分配成本，计算出类内各种产品实际总成本和单位成本。类内各种不同规格型号产品之间成本的分配，有定额消耗量、定额费用、售价，以及产品的体积、长度和重量等分配标准。也可以将分配标准折合成系数，按系数分配生产成本。

4. 副产品成本计算的特点

副产品，是企业在同一生产过程中，使用同种原料，在生产主要产品的同时附带生产出来的非主要产品。

副产品和主产品是企业在同一生产过程中生产出来的，可以将主产品和副产品合并为一类，作为一个成本核算对象，设置生产成本明细账，归集主产品和副产品的总成本；再采用一定的方法对副产品计价（计算确定副产品的成本），从主副产品总成本中扣除；以主副产品总成本扣除副产品成本以后的余额，作为主产品的实际总成本。

计算确定副产品的成本主要采用可变现净值、固定价格等方法。

【练习题】

一、填空题

1. 分类法是以________作为成本核算对象，用以归集生产费用，计算出各类产品的实际成本，再在________之间进行成本分配，计算出类内________成本的方法。

2. 分类法的适用范围与企业________没有直接关系。

3. 分类法适用于产品品种规格繁多，并且可以按照一定要求和标准划分为________的企业或企业的生产单位。

4. 采用分类法，类内各种产品成本分配的标准有________、________、________以及产品的________、________和________等。

5. 系数分配法的分配标准是各种产品的________。

6. 联产品是指企业利用相同的________，在同一________中同时生产出几种________不同，但具有________的主要产品。

7. 副产品是指企业在________________中，使用________________，在生产主要产品的________，附带生产出来的________产品。

8. 联产品在联合加工过程中发生的各种生产费用，称为联产品的________或________。

二、判断题

1. 分类法不是成本计算的基本方法，它与企业生产类型没有直接关系。 （ ）

2. 分类法应以各种产品品种作为成本核算对象。 （ ）

3. 在产品品种、规格繁多的企业，采用分类法计算产品成本，可以简化成本计算工作。 （ ）

4. 联产品成本的计算，可以采用分类法。 （ ）

5. 采用分类法计算出的某类产品成本，还应当按照一定的分配标准，将成本分配给类内各种产品。 （ ）

6. 联产品成本是指联产品的可归属成本。 （ ）

7. 副产品一般价值比较低，不应当负担共同成本。 （ ）

8. 副产品的可变现净值等于其售价。 （ ）

三、单项选择题

1. 分类法的适用范围（ ）。

A. 是大量大批单步骤生产　　B. 是大量大批多步骤生产

C. 是单件小批单步骤生产　　D. 与企业生产类型没有直接关系

2. 企业利用同种原材料，在同一生产过程中同时生产出的几种使用价值不同，但具有同等地位的主要产品，称为（　　）。

A. 产成品　　B. 联产品　　C. 等级品　　D. 副产品

3. 企业在生产主要产品的过程中，附带生产出的一些非主要产品，称为（　　）。

A. 联产品　　B. 废品　　C. 副产品　　D. 次品

4. 产品品种、规格繁多又可按照一定标准划分为类别的企业或企业的生产单位，适于采用（　　）计算产品成本。

A. 分批法　　B. 分类法　　C. 分步法　　D. 标准成本法

5. 联产品成本计算主要是指（　　）。

A. 联产品联合成本的分配　　B. 联产品可归属成本的分配

C. 联产品分离前费用的归集　　D. 联产品的分类问题

6. 采用分类法，应当按照（　　）设置生产成本明细账。

A. 产品品种　　B. 产品类别　　C. 联产品　　D. 副产品

四、多项选择题

1. 采用分类法，可将（　　）等方面相同或相似的产品归为一类。

A. 产品结构和耗用原材料　　B. 产品生产工艺技术过程

C. 产品的性质和用途　　D. 产品的售价

2. 下列产品中，可以作为同一个成本核算对象的有（　　）。

A. 灯泡厂同一类别不同瓦数的灯泡

B. 无线电元件厂同一类别不同规格的无线电元件

C. 炼油厂同时生产出的汽油、柴油、煤油

D. 机床厂各车间同时生产的车床、刨床、铣床

3. 类内不同品种规格、型号产品之间成本分配的标准有（　　）等。

A. 定额耗用总量　　B. 定额总费用　　C. 产品重量、体积　　D. 产品编号顺序

4. 确定类内不同规格、型号产品系数的依据有（　　）等。

A. 产品定额耗用量　　B. 产品定额费用

C. 产品售价　　D. 产品体积、面积、重量、长度等

5. 分类法适用范围有（　　）。

A. 可将产品划分为一定类别的企业或企业的生产单位

B. 企业联产品成本的计算

C. 企业副产品成本的计算

D. 企业等级品成本的计算

6. 副产品成本的确定一般有（　　）等方法。

A. 按副产品的可变现净值计价

B. 按副产品的固定价格计价

C. 按副产品的可归属成本计价

D. 按副产品的计划售价计价

五、简答题

1. 什么是分类法？它有何特点？

2. 简述分类法的适用范围。

3. 简述生产成本在类内各种（规格、型号）产品之间进行分配的方法。

4. 简述副产品成本的计算方法。

【实务训练】

实训一：产品成本计算的分类法

［资料］南华工厂以生产车间为成本中心，基本生产车间生产的 A、B、C、D、E 五种产品耗用的原材料和产品的生产工艺过程相同，因而归为一类（甲类产品），采用分类法计算产品成本。20××年 3 月有关成本计算资料如下：

（1）月初在产品成本和本月生产费用见表 13-1。

表 13-1　产品成本计算单

产品：甲类产品　20××年 3 月　金额单位：元

摘要	直接材料	直接人工	制造费用	合计
月初在产品成本	20 000	30 000	18 800	68 800
本月生产费用	146 880	383 040	255 360	785 280
生产费用合计				
本月完工产品总成本				
月末在产品成本				

（2）本月各种产品产量资料和定额资料见表 13-2。

表 13-2　产品系数计算表

产品类别：甲类产品　20××年 3 月　实物单位：件

产品名称	本月实际产量	材料消耗定额	材料系数	材料总系数	工时消耗定额	工时系数	工时总系数
A	200	15			9.6		
B	240	12			8.8		
C	480	10			8		
D	360	9			7.6		
E	300	8			7.2		
合计	—	—	—		—	—	

［要求］（1）采用固定在产品成本法计算甲类产品月末在产品成本和本月完工产品成本，完成甲类产品成本计算单（见表 13-1）。

（2）以 C 产品为标准产品，计算各种产品系数和本月总系数，完成产品系数计算表（见表 13-2）。

（3）采用系数分配法计算类内各种产品的成本，完成类内各种产品成本计算表（见表 13-3）。

表 13-3 类内产品成本计算表

产品类别：甲类产品　　20××年 3 月　　金额单位：元

产品名称	实际产量	总系数		总成本				单位成本
		直接材料	加工费用	直接材料	直接人工	制造费用	成本合计	
分配率								
A	200							
B	240							
C	480							
D	360							
E	300							
合计	—							

实训二：副产品成本的计算

［资料］南海工厂生产 A 产品时附带生产副产品，副产品分离后需进一步加工为丁产品才能出售。20××年 3 月 A 产品及其副产品共发生成本 150 000 元，其中，直接材料占 50%，直接人工占 20%，制造费用占 30%；副产品进一步加工发生直接人工费 2 000 元，制造费用 2 500 元。A 产品期初期末都没有在产品，本月完工入库 A 产品 2 500 千克，丁产品 2 000 千克，丁产品单位估计售价为 12 元，单位产品估计税费和利润合计为 2 元。

［要求］(1) 按副产品采用可变现净值计价、既负担可归属成本又负担分离前联合成本的方法计算丁产品成本，完成丁产品成本计算单（见表 13-4）。

表 13-4 副产品成本计算单

产品：丁产品　产量：2 000 千克　　20××年 3 月　　金额单位：元

摘要	直接材料	直接人工	制造费用	合计
分摊的联合成本				
可归属成本				
丁产品总成本				
丁产品单位成本				

(2) 计算 A 产品实际总成本和单位成本（见表 13-5）。

表 13-5 产品成本计算单

产品：A 产品　产量：2 500 千克　　20××年 3 月　　金额单位：元

摘要	直接材料	直接人工	制造费用	合计
本月发生生产费用				
结转丁产品应负担费用				
A 产品总成本				
A 产品单位成本				

(3) 编制结转本月完工产品成本的会计分录。

第14章 产品成本计算的定额法

【重点与难点】

重点：定额法的特点、成本计算程序和方法。

难点：制定定额成本、确认和分配脱离定额差异、计算定额变动差异的方法。

1. 定额法的含义和适用范围

（1）产品成本计算的定额法，是以产品定额成本为基础，加上（或减去）脱离定额的差异、材料成本差异和定额变动差异，来计算产品实际成本的方法。

①定额成本，是指根据企业现行直接材料、燃料和动力消耗定额及单价，工时消耗定额及人工费用率、制造费用率等资料计算的一种成本控制目标。

②脱离定额差异，是指产品生产过程中各项实际发生的生产费用脱离现行定额的差异。脱离定额差异反映了企业各项生产费用支出的合理程度和执行现行定额的工作质量。

③材料成本差异，是产品实际生产费用脱离定额差异的一部分。在采用定额法计算产品成本的企业，原材料的日常核算总是按计划成本计价来组织的，所以原材料项目的脱离定额差异仅指消耗材料数量的差异（量差），其金额为原材料消耗数量差异与其计划单位成本的乘积，不包括材料成本差异（价差）。产品成本应负担的材料成本差异，是该产品按材料实际消耗量和计划单位成本计算的材料总成本与材料成本差异率的乘积。

④定额变动差异，是指由于修订定额而产生的新旧定额之间的差异。它是定额自身变动的结果，与生产费用支出的节约与超支无关。定额变动差异仅指月初在产品账面定额成本与按新定额计算的定额成本之间的差异。

（2）定额法的适用范围。定额法是为了加强成本管理，进行成本控制而采用的一种成本计算与成本管理相结合的方法，与企业生产类型没有直接联系。定额法主要适用于定额管理制度比较健全，定额管理基础工作比较好，产品生产已经定型，各项消耗定额比较准确、稳定的企业。

2. 定额法的特点

（1）事前制定产品的定额成本。

（2）分别核算符合定额的费用和脱离定额的差异。

（3）以定额成本为基础，加减各种成本差异来求得实际成本。

3. 定额法的成本计算程序

（1）制定定额成本。企业应当根据现行消耗定额和费用定额，按照确定的成本项目，分产品品种（企业确定的成本核算对象）分别制定产品定额成本。定额成本包括的成本项目和计算方法，应当与计划成本、实际成本包括的成本项目和计算方法一致。制定定额成本依据的现行定额，是指企业从月初起施行的定额。在有定额变动的月份，应当根据变动以后的定额调整月初在产品的定额成本，计算定额变动差异。

（2）核算脱离定额差异。在生产费用发生时，企业应将实际生产费用区分为符合定额的费用和脱离定额的差异，分别核算，并予以汇总。

（3）在本月完工产品和月末在产品之间分配成本差异。月末，企业应将月初结转和本月发生的脱离定额差异、材料成本差异和定额变动差异分别汇总，按照企业确定的成本计算方法，在完工产品和月末在产品之间进行分配。为了简化成本核算工作，材料成本差异和定额变动差异可以全部由完工产品成本负担。

（4）计算本月完工产品的实际总成本和单位成本。以本月完工产品的定额成本为基础，加上或减去各项成本差异，计算出完工产品的实际总成本；实际总成本除以实际总产量，即为完工产品实际单位成本。

【练习题】

一、填空题

1. 产品成本计算的定额法，是以产品________为基础，加上（或减去）________差异、________差异和________差异，来计算产品成本的方法。

2. 定额法是为了加强________，进行________而采用的一种成本计算与成本管理相结合的方法。

3. 定额成本是根据企业现行________、________、________以及其他有关资料计算制定的。

4. 定额变动差异是指由于修订定额而产生的________账面定额成本与________计算的定额成本之间的差异。

5. 脱离定额差异是指产品生产过程中各项________脱离________的差异。

6. 材料脱离定额差异的核算方法有________、________和________等。

二、判断题

1. 定额变动差异是产品生产过程中实际生产费用脱离现行定额的差异。（ ）

2. 脱离定额差异也可以与定额变动差异合并为一个项目。（ ）

3. 在计件工资制下，如果计件单价不变，按计件单价支付的产品生产工人薪酬就是定额直接人工费用。（ ）

4. 材料成本差异是指修订定额以后，月初在产品账面定额成本与新的定额成本之间的差异。（ ）

5. 月初在产品定额成本调整数额与计入产品实际成本的定额变动差异之和应等于零。（　　）

6. 材料项目脱离定额的差异只反映材料耗用数量的差异，价格差异反映在材料成本差异中。（　　）

7. 定额法的适用范围与企业生产类型没有直接关系。（　　）

8. 定额法是成本计算与成本管理（控制）相结合的一种成本计算方法。（　　）

三、单项选择题

1. 定额成本是一种（　　）。

A. 先进企业的平均成本　　B. 本企业实际发生的成本

C. 本企业成本控制的目标　　D. 本企业确定的计划成本

2. 需要计算定额变动差异的是（　　）直接材料、燃料、动力消耗定额和单价，工时消耗定额和人工费用率、制造费用率等资料。

A. 本企业现行　　B. 本企业平均　　C. 本企业实际　　D. 先进企业

3. 制定定额成本的依据是（　　）。

A. 本企业现行直接材料、燃料、动力消耗定额和单价，工时消耗定额和人工费用率、制造费用率等资料

B. 本企业平均材料消耗定额、工时消耗定额和费用定额

C. 本企业实际材料消耗和工时消耗

D. 先进企业定额成本

4. 采用定额法计算产品成本，本月完工产品实际成本应以（　　）为基础。

A. 月初在产品定额成本　　B. 本月完工产品定额成本

C. 月末在产品定额成本　　D. 本月投入产品定额成本

5. 在本月完工产品与月末在产品之间分配脱离定额差异的依据是（　　）。

A. 本月投入产品定额成本

B. 月末在产品定额成本与本月完工产品定额成本之和

C. 月初在产品定额成本

D. 月末在产品定额成本

6. 按计件单价支付的产品生产工人薪酬等于（　　）。

A. 定额直接人工费用　　B. 脱离定额的差异

C. 直接人工费用　　D. 定额变动差异

四、多项选择题

1. 采用定额法计算成本的特点有（　　）。

A. 事先制定定额成本

B. 分别核算符合定额的费用和脱离定额的差异

C. 根据月初在产品成本和本月发生生产费用，计算产品实际成本

D. 以定额成本为基础，加减各种差异求得产品实际成本

2. 采用定额法计算产品成本，产品实际成本的组成项目有（　　）。

A. 定额成本　　B. 脱离定额差异　　C. 材料成本差异　　D. 定额变动差异

3. 材料脱离定额差异的计算方法有（　　）。

A. 加权平均法　　B. 限额领料单法　　C. 切割法　　D. 盘存法

4. 制定定额成本依据的是企业现行（　　）等资料。

A. 直接材料消耗定额及单价　　B. 燃料和动力消耗定额及单价

C. 工时消耗定额　　D. 人工费用率、制造费用率

5. 为了简化成本计算工作，（　　）等一般可以全部由本月完工产品成本负担。

A. 定额成本　　B. 脱离定额差异　　C. 材料成本差异　　D. 定额变动差异

6. 采用定额法计算产品成本的企业应当具备（　　）等条件。

A. 定额管理制度比较健全　　B. 定额管理基础工作比较好

C. 产品生产已经定型　　D. 各项消耗定额比较准确、稳定

五、简答题

1. 简述定额法的特点。
2. 简述定额法产品实际成本的计算方法。
3. 简述采用定额法应当具备的条件。
4. 什么是定额成本？怎样制定定额成本？
5. 什么是脱离定额差异？怎样计算脱离定额差异？
6. 什么是定额变动差异？怎样计算定额变动差异？
7. 什么是材料成本差异？怎样计算材料成本差异？

【实务训练】

实训：产品成本计算的定额法

［资料］南山工厂以生产车间为成本中心，基本生产车间生产的乙产品采用定额法计算产品成本，20××年 3 月有关成本计算资料如下：

（1）月初在产品定额成本为 40 000 元，其中，直接材料 20 000 元，直接人工 7 500 元，制造费用 12 500 元；月初在产品脱离定额的差异为 402.5 元，其中，直接材料−1 250 元，直接人工 652.5 元，制造费用 1 000 元。

（2）本月单位产品直接材料定额成本由上月的 500 元调整为 487.5 元。

（3）本月投入原材料定额成本为 190 125 元，按计划单位价格和实际消耗量计算的原材料费用为 193 750 元，材料成本差异率为 1.2%；本月实际人工费用为 149 340 元，人工费用定额为 148 125 元；本月实际制造费用为 243 800 元，制造费用定额为 246 875 元。

（4）本月乙产品完工入库 400 件，单位产品定额成本为 1 487.5 元，其中，直接材料 487.5 元，直接人工 375 元，制造费用 625 元。

［要求］（1）编制处理本月发生材料费用，分配材料成本差异、分配应付职工薪酬、分配结转制造费用的会计分录。

（2）按定额成本比例在本月完工产品和月末在产品之间分配脱离定额的差异（材料成本差异和定额变动差异全部由本月完工产品成本负担）。

（3）计算并结转本月完工产品实际成本，完成乙产品成本计算单（见表 14-1）。

表14-1

南山工厂产品成本计算单

产品：乙产品　　产量：400件　　20××年3月　　金额单位：元

项目	行次	直接材料	直接人工	制造费用	合计
一、月初在产品成本					
定额成本	1				
脱离定额差异	2				
二、月初在产品定额调整					
定额成本调整	3				
定额变动差异	4				
三、本月发生生产费用					
定额成本	5				
脱离定额差异	6				
材料成本差异	7				
四、生产费用合计					
定额成本	8				
脱离定额差异	9				
材料成本差异	10				
定额变动差异	11				
五、差异分配率	12				
六、完工产品成本					
定额成本	13				
脱离定额差异	14				
材料成本差异	15				
定额变动差异	16				
完工产品实际成本	17				
七、月末在产品成本					
定额成本	18				
脱离定额差异	19				

第15章

成本报表

【重点与难点】

重点：成本报表的种类、结构和特点，设置和编报成本报表的基本要求。

难点：产品生产成本表的结构和编制方法。

1. 成本报表的概念和特点

（1）成本报表，是根据企业产品成本和期间费用的核算资料以及其他有关资料编制的，用来反映企业一定时期内产品成本和期间费用水平及其构成情况的报告文件。

（2）成本报表是服务于企业内部经营管理的内部管理会计报表，一般不对外报送或公布，与资产负债表、利润表、现金流量表和所有者权益变动表等财务报表比较，具有以下特点：①为企业内部经营管理的需要而编制；②种类、格式、项目和内容等由企业自行决定；③提供的成本信息（成本指标）可以反映企业各方面的工作质量。

2. 设置和编报成本报表的基本要求

（1）设置成本报表的基本要求：①成本报表指标的实用性，是指企业设置的成本报表，要符合企业生产经营的特点，满足企业成本管理的要求。成本报表的种类要能够满足企业自身的需要，报表中的各项指标应当体现实用性原则。②成本报表内容的针对性，是指企业设置的成本报表，其种类、格式和指标内容要有针对性，既要有反映企业成本全貌的报表，又要有反映企业成本管理中某一专门问题或者针对企业某一具体业务的特点而设计的报表和报表项目。

（2）编制和报送成本报表的基本要求。①数字真实，是编制成本报表的基本要求。只有报表的数字真实、可靠，如实反映企业费用、成本的水平和构成，才有助于企业管理当局正确进行成本分析和成本决策。②计算准确，是指成本报表中的各项指标数据，必须按照企业在设置成本报表时规定的计算方法计算；报表中的各种相关数据，如本期报表与上期报表之间，同一时期不同报表之间，同一报表不同项目之间具有勾稽关系的数据，应当核对相符。③内容完整，是指企业成本报表的种类应当完整，能全面反映企业各种费用、成本的水平及其构成情况；同一报表的各个项目内容应当完整，必须填报齐全。只有内容完整的报表，才能满足企业经营管理者对成本信息的需求。④报送及时，是指企业必须及时编制和报送成本报表，以充分发挥成本报表在指导生产经营活动中的作用。

3. 成本报表的种类

（1）按成本报表反映的经济内容分类。①反映企业费用水平及其构成情况的成本报表，主要有制造费用明细表、销售费用明细表、管理费用明细表和财务费用明细表等。②反映企业产品成本水平及其构成情况的成本报表，主要有产品生产成本和销售成本表、产品生产成本表、主要产品单位成本表等。

（2）按成本报表的编制时间分类。成本报表可以分为年度报表、半年度报表、季度报表、月度报表以及旬报、周报、日报和班报。

4. 成本报表的编制

（1）产品生产成本及销售成本表，是反映企业在一定会计期间各种产品生产成本和销售成本及期末结存产品成本的报表。该表通常按月编制，将企业全部产品按主要产品和非主要产品分别逐项反映，所设计的指标有产品生产量和销售量、单位产品生产成本、产品生产总成本和销售总成本、期末结存产品数量和总成本等。为了便于比较和分析，产品生产量和销售量、单位产品生产成本等指标，可以同时反映本年计划、本月实际、本年累计实际等内容。

产品生产成本及销售成本表，可以反映企业在一定会计期间内全部产品的生产总成本和销售总成本；可以通过产品单位成本的比较，反映企业产品成本水平和升降趋势，借以确定企业成本分析的重点；可以反映企业各种产品的生产量、销售量和期末库存量，借以考察企业产品是否适销对路，产销是否协调，是否存在超储积压的产品等。

（2）产品生产成本表，是反映企业在一定会计期间生产产品所发生的生产费用总额和全部产品生产总成本的报表。生产成本总额，可以按照产品品种和类别反映，也可以按照产品成本项目反映。

按产品品种和类别编制的产品生产成本表，一般分为产量、单位成本、生产总成本等部分。产量包括本月实际产量和本年累计实际产量；单位成本包括上年实际平均单位成本、本年计划单位成本、本月实际单位成本和本年累计实际平均单位成本等；总成本分为本月总成本和本年累计总成本。为了便于分析，实际产量的生产总成本应按不同单位成本分别计算。在设置有产品生产成本及销售成本表的企业，一般不单独编制按产品品种和类别反映的产品生产成本表。

按成本项目编制的产品生产成本表一般分为生产费用总额、产品生产成本总额、在产品和自制半成品成本等部分。生产费用总额按照费用的用途分为直接材料、燃料和动力、直接人工和制造费用等成本项目。在产品和自制半成品成本按期初数、期末数分别反映；在经常有自制半成品对外销售的企业，在产品成本和自制半成品成本可以分别反映。产品生产成本总额应等于本期生产费用总额，加上在产品和自制半成品期初余额，减去在产品和自制半成品期末余额。为了便于分析，按成本项目编制的产品生产成本表各项目应反映上年实际、本月实际和本年累计实际等指标。

（3）主要产品单位成本表，是反映企业一定会计期间生产的各种主要产品的单位成本及其构成情况的报表。该表通常按月编制。

主要产品单位成本表应按企业主要产品分别编制，按照成本项目，分别反映各种主要产品的历史先进水平单位成本、上年实际平均单位成本、本年计划单位成本、本月实际单位成本和本年累计实际平均单位成本等指标。为了便于分析，该表还可以提供有关产品产量的资料。主要产品单位成本表，可以反映企业各种主要产品的单位成本水平及其变动趋势，以及产品单位成本的构成情况，为进一步分析产品成本升降的原因、寻找降低产品成本的途径指明方向。

(4) 制造费用明细表，是反映企业及成本中心一定会计期间发生的制造费用总额及其构成情况的报表。制造费用的构成，除了按照费用明细项目反映外，还应按照成本中心反映。企业编制的各成本中心汇总的制造费用明细表，只汇总按基本生产单位设置的成本中心的制造费用，不包括辅助生产单位的制造费用。

制造费用明细表一般应当按月编制，在某些季节性生产企业，也可以按年编制。该表应当按照费用的明细项目，提供制造费用的上年实际数、本年计划数、本月实际数和本年累计实际数等指标。利用制造费用明细表，可以分析制造费用的构成和增减变动情况，考核制造费用预算的执行情况。

(5) 期间费用明细表，是反映企业一定会计期间各项期间费用的发生额及其构成情况的报表，包括销售费用明细表、管理费用明细表和财务费用明细表。期间费用明细表通常按月编制。

各种期间费用明细表一般按照其费用项目，分别反映该费用项目的上年实际数（或上年同期实际数）、本年（月）计划数、本月实际数和本年累计实际数。利用各种期间费用明细表，可以分析该项期间费用的构成及增减变动情况，考核各项期间费用计划的执行情况。

【练习题】

一、填空题

1. 成本报表是根据企业________和________的核算资料以及其他有关资料编制的。

2. 成本报表是反映企业一定时期内________和________水平及其构成情况的报告文件。

3. 成本报表是向________提供成本信息的________会计报表。

4. 成本报表的种类、格式、项目和内容等可由________决定。

5. 成本报表按其反映的内容，可以分为反映企业________水平及其构成情况的报表和反映企业________水平及其构成情况的报表两类。

6. 成本报表按其编制时间，可以分为年度报表、半年度报表、季度报表、月度报表以及________、________、________和班报等。

7. 企业编制和报送成本报表应当做到________、________、________、________。

8. 企业在设置成本报表时，应当注意报表指标的________和报表内容的________。

9. 产品生产成本表中，产品生产成本总额等于本期________总额，加上在产品和自制半成品________，减去在产品和自制半成品________。

10. 主要产品单位成本表按照成本项目，分别反映各种主要产品的________单位成本、________单位成本、________单位成本、________单位成本和________单位成本等指标。

二、判断题

1. 成本报表是一种内部管理会计报表，一般不对外报送和公开。（　　）
2. 由于成本指标的特殊性，成本报表只能定期编制。（　　）
3. 成本报表的格式和内容应当具有统一性，以便统计、汇总和社会公众理解。（　　）
4. 不同企业的成本报表可以存在差异。（　　）
5. 产品生产成本表只能按成本项目编制。（　　）
6. 制造费用明细表只汇总企业按基本生产单位设置的成本中心的制造费用，不包括辅助生产单位的制造费用。（　　）
7. 成本报表项目中不应包括在“库存商品”账户中核算的期末结存产品。（　　）
8. 成本报表不包括期间费用明细表和制造费用明细表。（　　）

三、单项选择题

1. 成本报表是一种（　　）。

A. 内部管理会计报表　B. 对外财务会计报告
C. 静态报表　D. 汇总报表

2. 成本报表的种类、格式和内容等，由（　　）。

A. 政府有关部门规定　B. 国家制定的企业会计制度规定
C. 银行等债权人规定　D. 企业自行决定

3. 下列报表中，不包括在成本报表中的有（　　）。

A. 产品生产成本表　B. 制造费用明细表
C. 期间费用明细表　D. 资产负债表

4. 产品生产成本表、产品生产成本及销售成本表和产品单位成本表中，相同产品对应的（　　）数额应当相符。

A. 单位成本　B. 生产总成本　C. 计划总成本　D. 上年总成本

5. 制造费用明细表应当反映（　　）的制造费用总额。

A. 企业各成本中心　B. 企业按基本生产单位设置的成本中心
C. 企业各辅助生产单位　D. 企业本部

6. 编制成本报表是因为（　　）。

A. 会计准则的要求　B. 企业内部经营管理的需要
C. 社会中介机构的要求　D. 潜在投资者和债权人的要求

四、多项选择题

1. 与财务报表相比，企业成本报表的特点有（　　）。

A. 为企业内部经营管理的需要而编制
B. 报表种类和格式、内容的统一性
C. 报表种类和格式、内容可由企业自行决定
D. 按照会计准则的统一规定编制

2. 成本报表按其经济内容可以分为（　　）。

A. 反映企业费用水平及其构成情况的报表
B. 反映企业成本水平及其构成情况的报表
C. 反映资产、负债、所有者权益情况的报表
D. 反映收入、费用、利润情况的报表
3. 设置成本报表应当（　　）。
A. 符合会计准则规定的格式和内容
B. 符合企业生产经营特点
C. 满足企业成本管理的要求
D. 报表指标具有实用性，报表内容具有针对性
4. 编制和报送成本报表的要求有（　　）。
A. 数字真实　　B. 计算准确　　C. 内容完整　　D. 报送及时
5. 按成本项目编制的产品生产成本表一般包括（　　）等部分。
A. 本期生产费用总额　　B. 在产品和自制半成品期初余额
C. 在产品和自制半成品期末余额　　D. 本期产品生产成本总额
6. 按产品品种和类别编制的产品生产成本表，一般包括（　　）等指标。
A. 产品产量　　B. 产品单位成本　　C. 期末在产品　　D. 产品生产总成本
7. 主要产品单位成本表应当反映该主要产品的（　　）。
A. 历史先进水平单位成本　　B. 上年实际平均单位成本
C. 本年计划单位成本　　D. 本年实际平均单位成本
8. 期间费用明细表包括（　　）。
A. 制造费用明细表　　B. 管理费用明细表
C. 销售费用明细表　　D. 财务费用明细表
9. 下列报表中属于成本报表的有（　　）。
A. 产品生产成本表　　B. 主要产品单位成本表
C. 制造费用明细表　　D. 期间费用明细表

五、简答题

1. 什么是成本报表？它有何特征？
2. 怎样设置成本报表？
3. 编制和报送成本报表的基本要求有哪些？
4. 按其经济内容，成本报表可分为哪几类？
5. 怎样设计产品生产成本表的结构？
6. 怎样设计产品单位成本表的结构？

【实务训练】

实训：产品生产成本表的编制

［资料］青山工厂生产甲、乙、丙三种产品，其中，甲、乙两种产品为主要产品，丙产品为非主要产品。20××年有关产品产量成本资料见表 15-1。

表15-1　**产品产量成本资料**

20××年度　金额单位：元

项目	甲产品	乙产品	丙产品
产品产量（件）			
本年计划	2 160	1 008	960
本年实际	2 500	1 000	1 000
产品单位成本			
上年实际平均	600	500	
本年计划	582	490	555
本年累计实际平均	579	491	530

［要求］编制按产品品种和类别反映的产品生产成本表（见表15-2）。

表15-2　**产品生产成本表（按产品品种和类别编制）**

编制单位：青山工厂　20××年度　金额单位：元

产品	计量单位	产量		单位成本			实际产量的总成本		
		本年计划	本年实际	上年实际平均	本年计划	本年累计实际平均	按上年实际平均单位成本计算	按本年计划单位成本计算	本年实际
主要产品									
甲产品	件								
乙产品	件								
非主要产品									
丙产品	件								
合计									

第16章 成本分析

【重点与难点】

重点：比较分析法、比率分析法和因素分析法的基本原理，全部产品成本计划完成情况分析、主要产品成本降低任务完成情况分析和主要产品单位成本计划完成情况分析。

难点：连环替代法、主要产品成本降低任务完成情况分析、技术经济指标变动对成本影响分析。

1. 成本分析的概念和作用

（1）成本分析，是根据成本核算资料和成本计划资料及其他有关资料，运用一系列专门方法揭示企业费用预算和成本计划的完成情况，查明影响成本计划和费用预算完成的原因，计算各种因素变化的影响程度，寻找降低成本、节约费用的途径，挖掘企业内部增产节约潜力的一项专门工作。

（2）成本分析在查明费用预算和成本计划的完成情况，找出成本、费用管理工作中的成绩和问题，明确成本管理的责任，挖掘企业降低成本、节约费用的潜力，以及为编制成本计划、进行成本预测和决策提供资料等方面发挥重要作用。

2. 成本分析的内容

（1）全部产品成本计划完成情况分析。

（2）主要产品（可比产品）成本降低任务完成情况分析。

（3）主要产品单位成本分析。

（4）制造费用预算执行情况分析。

（5）期间费用预算执行情况分析。

（6）技术经济指标对产品成本影响分析。

3. 成本分析的方法

（1）比较分析法，是将两个或两个以上相关的可比数据相对比，从数量上确定差异的方法。比较分析法在成本分析中的运用方式主要有三种：①分析期实际成本、费用数据与计划（预算）成本、费用数据比较，可以找出分析期实际成本、费用，与计划成本和费用预算之间的差异，查明成本计划和费用预算的执行情况。②分析期实际成本、费用数据与前期（上月、上季、上年、上年同期等）实际成本、费用数据比较，可以反映企业成本和费用的变动趋势。③分析期实际成本、费用数据与行业（企业集团）实际平均成本、费用数据和本行业（企业集团）先进企业的实际成本、费用数据进行横向对比，能找出本企业的差距，确定企业成本和费用管理水平在同行业同类企业中的位置。

（2）比率分析法，是通过计算比率进行分析的方法。在成本分析中，常用的比率分析法有相关比率分析法和构成比率分析法。相关比率是两个相互联系、相互依存（相关）但性质不同的指标计算出的比率。相关比率分析法就是通过计算两个性质不完全相同而又相关的指标的比率进行分析的方法。利用相关比率可以排除企业之间和同一企业不同期间的某些不可比因素，有利于企业经营管理者进行成本效益分析和经营决策。构成比率也称结构比率，是局部数量（数额）与总体数量（总数额）之比，即局部在总体中的比重，或称部分与全部的比率。构成比率分析法就是通过计算构成比率来进行分析的方法，也称结构分析法。

（3）因素分析法，是将综合经济技术指标分解为各个原始因素，并确定各个因素变动对该项经济指标的影响方向和影响程度的方法。

①连环替代法，又称连锁替代法，是将综合性经济指标分解为各个因素，以组成该指标的各个因素的实际数按顺序替换比较的标准（如计划数、前期实际数等），计算各个因素变动对该指标的影响程度的方法。

连环替代法的计算顺序如下：根据综合性经济指标的特征和分析的目的确定组成该项指标的因素；根据各因素的依存关系，按一定顺序排列因素；确定比较标准（各因素的本期计划数值或前期实际数值），依次以各因素的本期实际数值替代该因素的标准数值（本期计划数值或前期实际数值），每次替换都计算出新的数据，有几个因素就需替换几次，直至最后计算出该指标的实际数据；以每次替换后计算出的新数据减去前一个数据，其差额即为该因素变动对经济指标的影响程度；综合各个因素的影响程度，其代数和（正负数抵消）应等于该经济指标的实际数据与标准数据（本期计划数据或前期实际数据）的差异。

②差额计算法，是连环替代法的简化形式，是根据各因素本期实际数值与标准数值（本期计划数值或前期实际数值）的差额，直接计算各因素变动对经济指标影响程度的方法。

4. 成本计划完成情况分析

（1）全部产品成本计划完成情况分析，应当按照产品类别和成本项目分别进行。通过分析，应查明全部产品和各种产品成本计划的完成情况，查明全部产品总成本中各个成本项目的成本计划完成情况，同时还应找出成本超支或降低幅度较大的产品和成本项目，为进一步分析指明方向。

按产品类别进行成本计划完成情况分析，其依据是分析期产品生产成本表（或产品生产成本及销售成本表）和按产品类别编制的全部产品成本计划表，分析方法是与计划比较，计算出全部产品和各种产品的成本降低额和降低率，查明各种产品成本计划的完成情况。

按成本项目进行成本计划完成情况分析，其依据是分析期按成本项目反映的产品生产成本表和产品成本计划表，分析方法是与计划比较，计算出各成本项目的降低额和降低率，查明各个成本项目计划完成情况。

有关成本降低额和降低率的计算公式如下：

$$\text{与计划成本比较的成本降低额}=\text{实际产量按计划单位成本计算的总成本}-\text{实际总成本}$$

$$\text{与计划成本比较的成本降低率}=\frac{\text{实际产量按计划单位成本计算的总成本}-\text{实际总成本}}{\text{实际产量按计划单位成本计算的总成本}}\times100\%$$

（2）主要产品（可比产品）成本降低任务完成情况分析，其对象是主要产品实际成本降低额和降低率脱离计划的差异。有关成本降低额和降低率的计算公式如下：

$$\text{可比产品计划成本降低额}=\text{计划产量按上年实际平均单位成本计算的总成本}-\text{计划总成本}$$

$$\text{可比产品计划成本降低率}=\frac{\text{可比产品计划成本降低额}}{\text{计划产量按上年实际平均单位成本计算的总成本}}\times100\%$$

$$\text{可比产品实际成本降低额}=\text{实际产量按上年实际平均单位成本计算的总成本}-\text{实际总成本}$$

$$\text{可比产品实际成本降低率}=\frac{\text{可比产品实际成本降低额}}{\text{实际产量按上年实际平均单位成本计算的总成本}}\times100\%$$

从一种产品来看，影响主要产品成本降低率的只有产品单位成本一个因素，影响成本降低额的有产品单位成本和产品产量两个因素。从多种产品综合来看，影响产品成本降低率的有产品单位成本和产品品种结构两个因素，影响产品成本降低额的有产品单位成本、产品品种结构和产品产量三个因素。产品品种结构是指各种产品在总产品中的比重。产品品种结构变动之所以会影响主要产品成本降低率和降低额，是因为各种产品的计划成本降低率不同。

（3）产品单位成本计划完成情况分析的重点，一是单位成本升降幅度较大的产品，二是在企业全部产品中所占比重较大的产品。在这两类产品中，应重点分析升降幅度较大的和所占比重较大的成本项目。产品单位成本计划完成情况分析，依据的是有关成本报表资料和成本计划资料，分析方法是先运用比较分析法查明产品单位成本计划完成情况，即进行一般分析，再运用因素分析法查明各个成本项目成本升降的具体原因，即进行因素分析。

（4）制造费用和期间费用预算执行情况分析：①运用比较分析法查明费用预算执行情况；②区分固定费用和变动费用，分别进行分析，变动费用项目应根据产品产量（业务量）的变化情况对本年预算数进行调整，再将本年实际数与调整后的预算数进行对比；③对各重点费用项目逐项进行分析；④运用构成比率分析法对费用明细项目的构成进行分析。

5. 技术经济指标变动对产品成本影响分析

（1）产品产量变动对成本影响分析。产品产量变动对成本水平的影响，主要是指对产品成本中固定费用的影响。在固定费用总额不变的情况下，增加产品产量可以降低单位产品成本中的固定费用；当产品产量的增长幅度超过固定费用总额的增长幅度时，也可以降低单位产品成本中的固定费用。产品产量变动对成本影响的计算公式如下：

$$\text{产量变动影响的成本降低率}=\left(1-\frac{1}{\text{产量计划完成率}}\right)\times\text{计划固定制造费用占产品成本的百分比}$$

$$\text{产量变动影响的成本降低额}=\frac{\text{实际产量按计划单位}}{\text{成本计算的总成本}}\times\text{产量变动影响的成本降低率}$$

（2）废品率变动对成本影响分析。废品率是产品生产过程中废品数量与全部生产数量（合格品数量与废品数量之和）的比率。分析废品率变动对产品成本影响，在废品承担的生产成本与合格品相同的条件下，可以将废品率变动前和变动后的合格产品单位成本中的废品损失相比较，来计算废品率变动形成的成本降低额和降低率。

（3）工人劳动生产率变动对成本影响分析。工人劳动生产率增长超过工人平均工资增长形成的成本降低额和降低率的计算公式如下：

$$\text{工人劳动生产率增长超过工人平均工资增长形成的成本降低率}=\left(1-\frac{1+\text{工人平均工资增长百分比}}{1+\text{工人劳动生产率增长百分比}}\right)\times\text{计划直接人工占产品成本的百分比}$$

$$\text{工人劳动生产率增长超过工人平均工资增长形成的成本降低额}=\text{实际产量按计划单位成本计算的总成本}\times\text{工人劳动生产率增长超过工人平均工资增长形成的成本降低率}$$

（4）改进产品设计、减轻产品净重对产品成本影响分析。产品净重是指构成产品实体的原材料重量。改进产品设计、减轻产品净重形成的成本降低额和降低率的计算公式如下：

$$\text{减轻产品净重形成的成本降低率}=\left(1-\frac{\text{改进后产品净重}}{\text{改进前产品净重}}\right)\times\text{改进前直接材料占产品成本的百分比}$$

$$\text{减轻产品净重形成的单位成本降低额}=\text{改进前产品单位成本}\times\text{减轻产品净重形成的成本降低率}$$

（5）合理使用代用材料对产品成本影响分析。合理采用代用材料形成的成本降低额和降低率的计算公式如下：

$$\text{使用代用材料形成的单位成本降低额}=\text{原使用材料耗用量}\times\text{该材料价格}-\text{代用材料耗用量}\times\text{代用材料价格}$$

$$\text{使用代用材料形成的成本降低率}=\frac{\text{使用代用材料形成的成本降低额}}{\text{产品原来的单位成本}}\times100\%$$

（6）提高原材料利用率对产品成本影响分析。原材料利用率一般是指生产过程中利用的原材料数量与投入生产的原材料数量的比率。其计算公式如下：

$$\text{原材料利用率}=\frac{\text{生产中利用原材料的数量}}{\text{生产中投入原材料的数量}}\times100\%$$

$$\text{原材料利用率变动形成的成本降低率}=\left(1-\frac{\text{变动前原材料利用率}}{\text{变动后原材料利用率}}\right)\times\text{变动前原材料成本占产品成本的百分比}$$

$$\text{原材料利用率变动形成的单位成本降低额}=\text{变动前产品单位成本}\times\text{原材料利用率变动形成的成本降低率}$$

【练习题】

一、填空题

1. 成本分析的依据是________资料和________资料以及其他有关资料。

2. 成本分析的方法主要有________、________和因素分析法等。其中因素分析法主要包括________和________。

3. 采用比较分析法，可以将分析期实际成本、费用，分别与________成本、费用比较，与________成本、费用比较，与________实际平均成本、费用水平和________实际成本、费用水平比较。

4. 在成本分析中，常用的比率分析法有________分析法和________分析法等。

5. 差额计算法是________的简化形式。

6. 主要产品成本降低任务完成情况的分析对象是主要产品实际成本降低额和降低率________的差异。

7. 产品单位成本计划完成情况的分析中，分析的重点是单位成本________较大的产品和在全部产品中________较大的产品。

8. 废品率是指产品生产过程中________数量与________的比率。

9. 只有工人劳动生产率增长超过________的增长时，才能形成成本降低额和降低率。

10. 一般来说，原材料利用率是指产品生产过程中________的原材料数量与________的原材料数量的比例。

二、判断题

1. 成本分析只需根据成本核算资料进行分析。（　　）

2. 主要产品成本降低额和降低率的计算，依据的是比较分析法的原理。（　　）

3. 主要产品成本计划降低指标和实际成本降低额、降低率都是与上年比较来计算的。（　　）

4. 差额计算法可以不考虑因素的排列顺序。（　　）

5. 采用连环替代法，改变因素的排列顺序，计算结果会有所不同。（　　）

6. 在全部产品成本分析中，通常要计算与计划比较的全部产品成本降低额和降低率。（　　）

7. 由于各种产品的计划成本降低率不同，产品结构变动会影响主要产品成本降低任务的完成程度。（　　）

8. 废品率是指产品生产过程中废品数量与合格品数量的比率。（　　）

9. 若固定成本总额不变，增加产品产量可降低单位产品成本中的固定成本。（　　）

10. 原材料利用率是指完工产品数量与投入产品数量的比例。（　　）

三、单项选择题

1. 某产品本年计划单位成本与其本年实际平均单位成本的差异，除以其本年计划单位成本，等于该产品（　　）。

A. 计划成本降低额　　B. 实际成本降低额

C. 与计划比较的成本降低率　　D. 实际成本降低率

2. 某产品上年实际平均单位成本与其本年实际平均单位成本的差额，除以其上年实际平均单位成本，等于该产品（　　）。

A. 计划成本降低率　　B. 与计划比较的成本降低率

C. 实际成本降低率　　D. 没有经济意义

3. 各种产品在总产品中所占的比重，是一种（　　）。

A. 相对数差额　　B. 绝对数差额

C. 相关比率　　D. 构成比率

4. 采用差额计算法时，（　　）。

A. 应当按照连环替代法的原理排列因素顺序

B. 可以不考虑因素排列顺序

C. 应当采用与连环替代法不同的因素排列顺序

D. 各因素应当统一用计划数计算

5. 产品结构变动会影响主要产品成本降低任务的完成程度，是因为各种产品的（　　）。

A. 计划成本降低额和降低率不同　　B. 计划单位成本和总成本不同

C. 计划成本降低率不同　　D. 实际成本降低率不同

6. 原材料利用率变动，（　　）。

A. 只会影响产品成本降低额

B. 只会影响产品成本降低率

C. 不会影响产品成本降低额和降低率

D. 会同时影响产品成本降低额和降低率

7. 废品率下降，（　　）。

A. 会使单位合格产品成本中的废品损失减少

B. 会使单位合格产品成本中的废品损失增加

C. 对单位合格产品成本没有影响

D. 会使单位合格产品成本和废品的成本增加

8. 工人劳动生产率增长，（　　）。

A. 平均工资会随之提高

B. 产品单位成本会随之提高

C. 产品单位成本不会发生变化

D. 超过平均工资增长时，会降低产品单位成本

四、多项选择题

1. 成本分析应根据（　　）等进行。

A. 成本核算资料　　B. 成本计划资料

C. 成本明细账资料　　D. 其他有关资料

2. 比较分析法中的比较方式主要有（　　）。

A. 本期实际数据与本期计划数据比较

B. 本期实际数据与前期实际数据比较

C. 本期实际数据与前期计划数据比较

D. 本期实际数据与本行业实际平均数据或本行业先进企业实际数据比较

3. 成本分析中的比率分析法主要有（　　）。

A. 相关比率分析法　　B. 构成比率分析法

C. 连环替代法　　D. 差额计算法

4. 全部产品总成本计划完成情况分析的内容主要有（　　）。

A. 查明全部产品和各种产品成本计划的完成情况

B. 查明全部产品和各成本项目成本计划的完成情况

C. 查明产品单位成本升降幅度和原因

D. 找出成本升降幅度大的产品和成本项目，为进一步分析指明方向

5. 主要产品成本降低任务完成情况分析的程序包括（　　）。

A. 确定主要产品实际成本降低额和降低率脱离计划的差异，作为分析对象

B. 确定影响成本降低任务完成的因素

C. 计算各因素变动对成本降低任务完成的影响程度

D. 根据各因素影响程度进行综合评价

6. 影响产品单位成本中直接材料费用变动的因素有（　　）。

A. 产品生产总量　　B. 材料总成本

C. 单位产品材料消耗量　　D. 单位材料的价格

7. 影响产品单位成本中直接人工费用变动的因素有（　　）。

A. 产品生产工人的数量

B. 产品生产工人工资总额

C. 产品生产工人劳动生产率（或单位产品工时消耗）

D. 产品生产工人平均工资（或小时人工费用率）

8. 制造费用、期间费用的分析主要有（　　）。

A. 运用比较分析法查明费用预算执行情况

B. 区分固定费用和变动费用分别进行分析

C. 对各重点费用项目逐项进行分析

D. 运用构成比率分析法对费用明细项目的构成进行分析

五、简答题

1. 什么是成本分析？它包括哪些内容？
2. 怎样运用比较分析法进行分析？
3. 怎样计算全部产品与计划比较的成本降低额、成本降低率？
4. 怎样计算主要产品计划和实际的成本降低额、降低率？
5. 全部产品成本计划完成情况的分析应包括哪些内容？
6. 怎样分析主要产品成本降低任务的完成情况？
7. 影响产品单位成本计划完成的因素有哪些？怎样计算各因素的影响程度？
8. 怎样分析原材料利用率变动对成本的影响？

【实务训练】

实训一：全部产品成本计划完成情况分析

［资料］同第 15 章实训资料。

［要求］（1）计算青山工厂全部产品与计划比较的成本降低额和降低率，编制青山工厂全部产品成本计划完成情况分析表（见表 16-1）。

表16-1　全部产品成本计划完成情况分析表（按产品类别分析）

编制单位：青山工厂　20××年度　金额单位：元

产品名称	计量单位	实际产量	单位成本			实际产量的总成本			与计划成本比	
			上年实际	本年计划	本年实际	按上年实际平均单位成本计算	按本年计划单位成本计算	本年实际	成本降低额	成本降低率（%）
主要产品										
甲产品	件									
乙产品	件									
非主要产品										
丙产品	件									
合计										

（2）简要评价青山工厂全部产品成本计划完成情况。

实训二：主要产品成本降低任务完成情况分析

［资料］青山工厂生产甲、乙两种主要产品，产量和单位成本资料同第15章实训资料。

［要求］（1）计算青山工厂主要产品计划和实际的成本降低额、成本降低率及实际脱离计划的差异，编制青山工厂主要产品成本降低任务完成情况分析表（确定分析对象）（见表16-2）。

表16-2　主要产品成本降低任务完成情况分析表（确定分析对象）

编制单位：青山工厂　20××年度　金额单位：元

项　目	成本降低额	成本降低率
1.计划数		
甲产品		
乙产品		
合计		
2.实际数		
甲产品		
乙产品		
合计		
3.差异数（分析对象）		
甲产品		
乙产品		
合计		

（2）分析青山工厂各因素变动对主要产品成本降低任务的影响，编制青山工厂主要产品成本降低任务完成情况分析表（计算各因素影响程度）（见表 16–3）。

表 16–3　主要产品成本降低任务完成情况分析表（计算各因素影响程度）

编制单位：青山工厂　　20××年度　　金额单位：元

影响因素	对成本降低额的影响	对成本降低率的影响
产品单位成本		
产品品种结构		
产品产量		
合计		

（3）对该厂主要产品成本计划完成情况进行简要评价。

实训三：产品单位成本计划完成情况的分析

［资料］青山工厂生产的甲产品有关单位成本资料见表 16–4，各成本项目的明细资料见表 16–5。

表 16–4　产品单位成本资料

产品：甲产品　　20××年度　　金额单位：元

项目	上年实际	本年计划	本年实际
直接材料	235	219.4	222.6
直接人工	185	187.6	186
制造费用	180	175	170.4
合计	600	582	579

表 16–5　单位成本各成本项目明细资料

产品：甲产品　　20××年度　　金额单位：元

项目	本年计划			本年实际		
	用量	价格	成本	用量	价格	成本
直接材料			219.4			222.6
01	40（千克）	2.5	100.0	42（千克）	2.45	102.9
02	33（千克）	1.5	49.5	35（千克）	1.5	52.5
03	10（千克）	4.0	40.0	9（千克）	4.2	37.8
04	10（千克）	2.99	29.9	10（千克）	2.94	29.4
直接人工	65（小时）	2.886	187.6	64（小时）	2.906	186.0
制造费用	65（小时）	2.692	175.0	64（小时）	2.662	170.4

［要求］（1）分析甲产品单位成本计划完成情况，编制青山工厂甲产品单位成本计划完成情况分析表（见表 16–6）。

表16-6　**单位成本计划完成情况分析表**

产品：甲产品　20××年度　金额单位：元

成本项目	单位成本			与上年实际比		与本年计划比	
	上年实际	本年计划	本年实际	成本降低额	降低率	成本降低额	降低率
直接材料							
直接人工							
制造费用							
合计							

（2）分析甲产品直接材料成本变动的原因，填入表16-7。

表16-7　**单位产品直接材料成本分析表**

产品：甲产品　20××年度　金额单位：元

材料名称	计量单位	材料消耗量		材料价格		材料成本		成本差异		差异额分析	
		计划	实际	计划	实际	计划	实际	差异额	差异率（%）	用量影响	价格影响
01	千克										
02	千克										
03	千克										
04	千克										
合计											

（3）分析甲产品直接人工成本变动的原因，填入表16-8。

表16-8　**单位产品直接人工成本分析表**

产品：甲产品　20××年度　金额单位：元

生产工人工时		小时人工费用率		人工成本		成本差异		差异额分析	
计划	实际	计划	实际	计划	实际	差异额	差异率	工时影响	小时人工费用率影响

（4）分析甲产品制造费用变动的原因，填入表16-9。

表16-9　**单位产品制造费用分析表**

产品：甲产品　20××年度　金额单位：元

生产工人工时		小时制造费用率		制造费用		成本差异		差异额分析	
计划	实际	计划	实际	计划	实际	差异额	差异率	工时影响	小时制造费用率影响

（5）对甲产品单位成本计划完成情况进行简要评价。

实训四：产量变动对成本影响分析

［资料］南山工厂生产的A产品本年计划产量为4 000件，计划单位成本为3 000元，

其中，固定制造费用为 450 元。本年实际生产 A 产品 5 000 件。

［要求］计算产品产量变动对 A 产品成本的影响。

实训五：废品率变动对成本影响分析

［资料］南山工厂生产的 B 产品分为合格品和废品，上年合格品产量为 4 180 件，废品为 220 件，产品单位成本为 1 700 元，废品残料价值占废品生产成本的 20%。本年 B 产品合格品产量为 4 800 件，生产过程中产生废品 200 件。

［要求］(1) 计算 B 产品两个年度的废品率。

(2) 计算由于废品率变动对 B 产品成本的影响。

实训六：原材料利用率变动对成本影响分析

［资料］南山工厂生产的 C 产品由 201 原材料构成其实体，上年 C 产品单位成本为 1 000 元，其中 201 材料成本为 560 元。该厂上年生产 C 产品为 42 500 千克，消耗的 201 材料为 50 000 千克；本年生产 C 产品为 43 350 千克，消耗的 201 材料也为 50 000 千克。

［要求］(1) 计算 C 产品两个年度的原材料利用率。

(2) 计算原材料利用率变动对产品成本的影响。

综合实训

【实训资料】

（一）企业基本情况

1. 南华工厂设有四个基本生产车间，大量生产甲产品。先由第一车间生产出 A、B 两种自制半成品，因有对外销售，生产完成后全部交给半成品仓库；第二车间从半成品仓库领出 A 半成品，加上投入的其他材料，加工成 C 半成品；第三车间从半成品仓库领出 B 半成品，加上投入的其他材料，加工成 D 半成品；第二、三车间生产完工的 C、D 两种自制半成品不对外出售，也不经过半成品仓库，全部直接交给第四车间装配成甲产品（产成品）。

2. 该厂第一车间生产的 A、B 两种自制半成品成本采用品种法计算；第二、三车间从半成品仓库领用第一车间生产的自制半成品，采用逐步结转分步法原理，按实际成本综合结转方式进行结转；为了简化成本计算，第二、三、四车间生产的甲产品成本，采用平行结转分步法计算（即 C、D 两种半成品实物转移，成本不结转）。

3. 该厂以生产车间为成本中心，设置直接材料、直接人工和制造费用三个成本项目，为简化核算，产品生产用外购电力并入直接材料项目。

4. 该厂原材料、周转材料（包装物、低值易耗品）、自制半成品、库存商品等存货均采用实际成本进行日常核算，按月末一次加权平均法计算发出存货成本。包装物和低值易耗品采用一次摊销法摊销。

（二）生产费用在各个成本核算对象之间的分配方法

1. 第一车间材料费用和生产用水电费按本月投入产品的重量进行分配，A 半成品本月投入 7 200 千克，B 半成品本月投入 9 400 千克；直接人工和制造费用按本月生产工人工时进行分配；本月第一车间实际生产工人工时为 14 810 小时，其中，A 半成品 7 000 小时，B 半成品 7 810 小时。

2. 第二、三、四车间都只生产一种产品，生产费用不需要在各个成本核算对象之间进行分配。

（三）生产费用在完工产品与在产品之间的分配方法

1. 第一车间月末在产品原材料已全部投入；A 半成品月末在产品已经全部完工，在产品成本按完工产品成本计算；B 半成品月末在产品完工程度为 50%，在产品成本按约当产量法计算。

2. 第二车间月末在产品原材料已全部投入，直接材料按材料定额成本比例分配，单位产品原材料定额费用为 5 000 元；直接人工和制造费用按定额工时比例分配，单位产品工时定额为 80 小时，本车间月末狭义在产品已完成的定额总工时为 400 小时。

3. 第三车间月末在产品原材料已全部投入，直接材料按材料定额成本比例分配，单位产品原材料定额费用为 6 500 元；直接人工和制造费用按定额工时比例分配，单位产品工时定额为 120 小时，本车间月末狭义在产品已完成的定额总工时为 600 小时。

4. 第四车间月末在产品原材料已全部投入；直接材料按材料定额成本比例分配，单位产品原材料定额费用为 750 元；由于月末在产品已完成的定额工时不多，直接人工和制造费用全部由本月完工产品成本负担。

（四）有关账户月初余额及本月发生经济业务

1. “生产成本”账户月初余额见表 1。

表 1　　南华工厂明细分类账户余额表

总账科目：生产成本　　20××年 10 月 31 日　　金额单位：元

明细分类账户名称	成本项目			合计
	直接材料	直接人工	制造费用	
第一车间 A 半成品	60 000	1 520	1 600	63 120
第一车间 B 半成品	75 400	2 900	1 760	80 060
小计（第一车间二级账余额）	135 400	4 420	3 360	143 180
第二车间甲产品（C 半成品）	142 250	19 920	9 060	171 230
第三车间甲产品（D 半成品）	191 550	28 450	10 600	230 600
第四车间甲产品（产成品）	7 470	0	0	7 470
合计（生产成本总账余额）	476 670	52 790	23 020	552 480

2. “自制半成品”账户月初余额及本月收发结存情况见表 2，自制半成品本月没有对外销售。

表 2　　南华工厂自制半成品收发结存明细表　　实物单位：千克

20××年 11 月 30 日　　金额单位：元

项目	A 半成品		B 半成品		合计金额
	数量	金额	数量	金额	
月初库存	1 500	136 500	1 600	135 520	272 020
本月第一车间生产完工交库	7 500		9 600		
本月第二车间生产领用	7 500		0		
本月第三车间生产领用	0		9 600		
月末库存	1 500		1 600		

3. 本月产品产量统计表见表3。

表3 南华工厂产品产量统计表

20××年11月1日至11月30日

车间、产品	生产数量				
	计量单位	月初狭义在产品	本月投入或上步转入	本月完工或转入下步	月末狭义在产品
第一车间A半成品	千克	800	7 200	7 500	500
第一车间B半成品	千克	1 000	9 400	9 600	800
第二车间甲产品（C半成品）	件	20	200	210	10
第三车间甲产品（D半成品）	件	20	200	210	10
第四车间甲产品（产成品）	件	10	210	200	20

4. 本月耗用材料见表4。

表4 南华工厂耗用材料汇总表

20××年11月30日 金额单位：元

领料部门或用途		材料类别			合计
		原材料	包装物	低值易耗品	
第一车间	产品生产领用	1 236 700			1 236 700
	车间一般消耗	1 200		3 000	4 200
第二车间	产品生产领用	300 000			300 000
	车间一般消耗	2 900		6 000	8 900
第三车间	产品生产领用	450 000			450 000
	车间一般消耗	4 500		6 000	10 500
第四车间	产品生产领用	150 000			150 000
	车间一般消耗	2 600		9 500	12 100
专设销售机构			10 000		10 000
厂部管理部门		2 000		12 000	14 000
合　计		2 149 900	10 000	36 500	2 196 400

5. 本月应付职工薪酬见表5。

表5 **南华工厂应付职工薪酬汇总表**

20××年11月30日 金额单位：元

人员类别		短期薪酬						离职后福利		合计
		工资总额	职工福利费	医疗、工伤、生育保险费	住房公积金	工会经费	职工教育经费	养老保险费	失业保险费	
第一车间	生产工人	108 000	4 136	7 344	8 640	2 160	1 620	15 120	1 080	148 100
	管理人员	2 200	29.4	149.6	176	44	33	308	22	2 962
第二车间	生产工人	129 500	5 096.5	8 806	10 360	2 590	1 942.5	18 130	1 295	177 720
	管理人员	3 300	44.1	224.4	264	66	49.5	462	33	4 443
第三车间	生产工人	172 000	7 684	11 696	13 760	3 440	2 580	24 080	1 720	236 960
	管理人员	3 300	44.1	224.4	264	66	49.5	462	33	4 443
第四车间	生产工人	150 000	7 390	10 200	12 000	3 000	2 250	21 000	1 500	207 340
	管理人员	3 300	44.1	224.4	264	66	49.5	462	33	4 443
专设销售机构人员		6 500	221.5	442	520	130	97.5	910	65	8 886
厂部管理人员		22 000	294	1 496	1 760	440	330	3 080	220	29 620
合计		600 100	24 983.7	40 806.8	48 008	12 002	9 001.5	84 014	6 001	824 917

6. 本月应付水电费见表6。

表6 **南华工厂应付水电费明细表**

20××年11月30日 金额单位：元

车间、部门		应付水费		应付电费		合计
		用水量（吨）	金额	用电量（度）	金额	
第一车间	产品生产耗用			29 880	14 940	14 940
	车间一般消耗	9 000	10 800	3 600	1 800	12 600
第二车间	产品生产耗用			14 400	7 200	7 200
	车间一般消耗	3 000	3 600	3 000	1 500	5 100
第三车间	产品生产耗用			16 200	8 100	8 100
	车间一般消耗	3 000	3 600	2 400	1 200	4 800
第四车间	产品生产耗用			14 400	7 200	7 200
	车间一般消耗	1 500	1 800	2 400	1 200	3 000
专设销售机构		500	600	1 200	600	1 200
厂部管理部门		2 000	2 400	14 400	7 200	9 600
合计		19 000	22 800	101 880	50 940	73 740

7. 本月以现金支付的费用见表7（在实际工作中应逐日逐笔处理，在此为简化举例而采用全月汇总的形式）。

表7　　南华工厂以现金支付的费用汇总表

20××年11月1日至11月30日　　金额单位：元

车间、部门	费用项目					合　计
	办公费	差旅费	修理费	装卸费	印花税	
第一车间	1 838					1 838
第二车间	4 657					4 657
第三车间	4 257					4 257
第四车间	4 557					4 557
专设销售机构	3 000	5 000		4 000		12 000
厂部管理部门	6 000	9 000	2 000		1 000	18 000
合　计	24 309	14 000	2 000	4 000	1 000	45 309

8. 本月以银行存款支付的费用见表8（在实际工作中应逐日逐笔处理，在此为简化举例而采用全月汇总的形式）。

表8　　南华工厂以银行存款支付的费用汇总表

20××年11月1日至11月30日　　金额单位：元

车间、部门	费用项目					合　计
	办公费	保险费	修理费	装卸费	审计费	
第一车间	3 000	2 000				5 000
第二车间	3 200	4 000				7 200
第三车间	4 500	5 000				9 500
第四车间	3 900	4 100				8 000
专设销售机构	4 500	1 000		6 000		11 500
厂部管理部门	16 000	10 000	10 000		2 000	38 000
合　计	35 100	26 100	10 000	6 000	2 000	79 200

9. 按照“上月应计提折旧额+上月增加固定资产应计提折旧额-上月减少固定资产应计提折旧额=本月应计提折旧额”的公式计算折旧。10月份计提的折旧额为182 640元，其中，第一车间32 640元，第二车间60 000元，第三车间54 000元，第四车间21 000元，厂部15 000元。10月份第一、四车间的固定资产没有变动；第二车间购入并投入使用设备原价1 500 000元，月折旧额9 000元，没有减少固定资产；第三车间没有增加固定资产，报废在用设备原价600 000元，月折旧额3 600元；厂部增加管理设备原价300 000元，月折旧额6 000元，报废在用运输设备原价450 000元，月折旧额4 500元。

【实训要求】

1. 设置“生产成本”“制造费用”“自制半成品”总账及明细账，其他账户的设置和登记从略。

2. 根据本月发生的有关经济业务编制记账凭证，并据以登记按上述要求设置的总账和明细账。

3. 计算本月所产 A 半成品、B 半成品和甲产品的实际总成本和单位成本；编制结转入库产品和发出自制半成品的记账凭证并据以登记有关总账和明细账。

4. 根据有关账户月末记录，按“生产成本”和“自制半成品”账户分别编制“明细账户本月发生额及余额明细表”，并与各该总账核对相符。

【有关凭证、账页和表格】

1. 分配和结转本月材料费用（完成表 9、表 10）。

表 9　　南华工厂第一车间材料费用分配表

20××年 11 月 30 日　　金额单位：元

产品	产品重量（千克）	分配率	分配共同耗用材料
A 半成品			
B 半成品			
合　计			

表 10　　南华工厂转账凭证

20××年 11 月 30 日　　转字第 1 号

摘要	总账账户	明细账户	借方金额	贷方金额	记账
领用材料					
合　计					

附件　张

会计主管　　记账　　审核　　制单

2. 分配和结转本月应付职工薪酬（完成表 11、表 12）。

表 11　南华工厂第一车间直接人工费用分配表

20××年 11 月 30 日　　金额单位：元

产品	生产工人工时（小时）	分配率	应分配职工薪酬
A 半成品			
B 半成品			
合　计			

表 12　南华工厂转账凭证

20××年 11 月 30 日　　转字第 2 号

摘要	总账账户	明细账户	借方金额	贷方金额	记账
分配薪酬					
合　计					

附件　张

会计主管　　记账　　审核　　制单

3. 分配和结转本月应付水电费（完成表 13、表 14）。

表 13　南华工厂第一车间产品生产用电费分配表

20××年 11 月 30 日　　金额单位：元

产品	产品重量（千克）	分配率	应分配电费
A 半成品			
B 半成品			
合　计			

表 14　　**南华工厂转账凭证**

20××年 11 月 30 日　　转字第 3 号

摘要	总账账户	明细账户	借方金额	贷方金额	记账
应付水电费					
合　计					

附件　张

会计主管　　记账　　审核　　制单

4. 以库存现金支付费用（完成表 15）。

表 15　　**南华工厂付款凭证**

贷方科目：库存现金　　20××年 11 月 30 日　　付字第 1 号

摘要	借方科目		金额	记账
	总账账户	明细账户		
以现金支付费用				
合　计				

附件　张

会计主管　　记账　　审核　　出纳　　制单

5. 以银行存款支付费用（完成表16）。

表16 南华工厂付款凭证

贷方科目：银行存款　　20××年11月30日　　付字第2号

摘要	借方科目		金额	记账
	总账账户	明细账户		
以银行存款支付费用				
合　计				

附件　张

会计主管　　记账　　审核　　出纳　　制单

6. 计提本月折旧（完成表17、表18）。

表17 南华工厂折旧计算表

20××年11月30日　　金额单位：元

车间、部门	上月应计提折旧额	上月增加固定资产应计提折旧额	上月减少固定资产应计提折旧额	本月应计提折旧额
第一车间				
第二车间				
第三车间				
第四车间				
厂部				
合　计				

表18 南华工厂转账凭证

20××年11月30日　　转字第4号

摘要	总账账户	明细账户	借方金额	贷方金额	记账
计提折旧					
合　计					

附件　张

会计主管　　记账　　审核　　制单

7. 分配和结转本月基本生产车间制造费用（完成表19、表20）。

表19 南华工厂第一车间制造费用分配表

20××年11月30日 金额单位：元

产品	生产工人工时（小时）	分配率	应分配制造费用
A半成品			
B半成品			
合　计			

表20 南华工厂转账凭证

20××年11月30日 转字第5号

摘要	总账账户	明细账户	借方金额	贷方金额	记账
分配制造费用					
合　计					

附件　张

会计主管　　记账　　审核　　制单

8. 计算和结转本月完工入库自制半成品成本（完成表21、表22）。

表21 南华工厂完工产品成本汇总表

生产单位：第一车间　　20××年11月30日　　金额单位：元

产品	产量（千克）	总成本				单位成本
		直接材料	直接人工	制造费用	合计	
A半成品						
B半成品						
合　计						

表22 南华工厂转账凭证

20××年11月30日 转字第6号

摘要	总账账户	明细账户	借方金额	贷方金额	记账
结转入库自制半成品成本					
合　计					

附件　张

会计主管　　记账　　审核　　制单

9. 计算和结转生产领用自制半成品成本（完成表 23）。

（1）A 半成品加权平均单位成本=

（2）本月生产领用 A 半成品总成本=

（3）B 半成品加权平均单位成本=

（4）本月生产领用 B 半成品总成本=

表 23

南华工厂转账凭证

20××年 11 月 30 日 转字第 7 号

摘要	总账账户	明细账户	借方金额	贷方金额	记账
结转生产领用自制半成品成本					
合计					

附件 张

会计主管 记账 审核 制单

10. 计算和结转本月完工入库甲产品成本（完成表 24、表 25）。

表 24

南华工厂产成品成本汇总计算表

产品：甲产品 20××年 11 月 30 日 金额单位：元

生产单位	最终产品数量（件）	产成品成本份额				单位成本
		直接材料	直接人工	制造费用	合计	
第二车间						
第三车间						
第四车间						
合计						

表 25

南华工厂转账凭证

20××年 11 月 30 日 转字第 8 号

摘要	总账账户	明细账户	借方金额	贷方金额	记账
结转完工入库甲产品成本					
合计					

附件 张

会计主管 记账 审核 制单

11. 登记有关总分类账、二级账和明细账（完成表 26 至表 40）。

表 26　　南华工厂总分类账

会计科目：生产成本

20××年		凭证字号	摘要	借方	贷方	借或贷	余额
月	日						
			上月结转				
			领用材料				
			分配职工薪酬				
			应付水电费				
			分配制造费用				
			结转入库自制半成品成本				
			结转领用自制半成品成本				
			结转入库甲产品成本				
			本月发生额合计及月末余额				

表 27　　南华工厂总分类账

会计科目：制造费用

20××年		凭证字号	摘要	借方	贷方	借或贷	余额
月	日						
			领用材料				
			分配职工薪酬				
			应付水电费				
			支付办公费				
			支付保险费等				
			计提折旧费				
			分配结转制造费用				
			本月发生额合计及月末余额				

表 28　　南华工厂总分类账

会计科目：自制半成品

20××年		凭证字号	摘要	借方	贷方	借或贷	余额
月	日						
			上月结转				
			车间完工交库				
			车间生产领用				
			本月发生额合计及月末余额				

表 29 **南华工厂生产成本二级账**

生产单位：第一车间

20××年		凭证字号	摘要	成本项目			合计
月	日			直接材料	直接人工	制造费用	
			上月结转				
			领用材料				
			分配职工薪酬				
			应付水电费				
			分配制造费用				
			本月生产费用合计				
			累计生产费用				
			结转本月完工半成品成本				
			月末在产品成本				

表 30 **南华工厂生产成本明细账**

生产单位：第一车间 产品：A半成品

20××年		凭证字号	摘要	成本项目			合计
月	日			直接材料	直接人工	制造费用	
			上月结转				
			领用材料				
			分配职工薪酬				
			应付水电费				
			分配制造费用				
			本月生产费用合计				
			累计生产费用				
			完工产品数量				
			在产品约当量				
			生产量小计				
			费用分配率（完工产品单位成本）				
			结转本月完工半成品成本				
			月末在产品成本				

表 31　**南华工厂生产成本明细账**

生产单位：第一车间　　　　产品：B半成品

20××年		凭证字号	摘要	成本项目			合计
月	日			直接材料	直接人工	制造费用	
			上月结转				
			领用材料				
			分配职工薪酬				
			应付水电费				
			分配制造费用				
			本月生产费用合计				
			累计生产费用				
			完工产品数量				
			在产品约当量				
			生产量小计				
			费用分配率（完工产品单位成本）				
			结转本月完工半成品成本				
			月末在产品成本				

表 32　**南华工厂生产成本明细账**

生产单位：第二车间　　　　产品：甲产品（C半成品）

20××年		凭证字号	摘要	成本项目			合计
月	日			直接材料	直接人工	制造费用	
			上月结转				
			领用材料				
			分配职工薪酬				
			应付水电费				
			分配制造费用				
			领用自制半成品				
			本月生产费用合计				
			累计生产费用				
			本月完工产品总定额				
			月末在产品总定额				
			总定额合计				
			费用分配率（完工产品单位成本）				
			结转本月完工甲产品成本份额				
			月末广义在产品成本				

表33　　**南华工厂生产成本明细账**

生产单位：第三车间　　产品：甲产品（D半成品）

20××年		凭证字号	摘要	成本项目			合计
月	日			直接材料	直接人工	制造费用	
			上月结转				
			领用材料				
			分配职工薪酬				
			应付水电费				
			分配制造费用				
			领用自制半成品				
			本月生产费用合计				
			累计生产费用				
			本月完工产品总定额				
			月末在产品总定额				
			总定额合计				
			费用分配率（完工产品单位成本）				
			结转本月完工甲产品成本份额				
			月末广义在产品成本				

表34　　**南华工厂生产成本明细账**

生产单位：第四车间　　产品：甲产品（产成品）

20××年		凭证字号	摘要	成本项目			合计
月	日			直接材料	直接人工	制造费用	
			上月结转				
			领用材料				
			分配职工薪酬				
			应付水电费				
			分配制造费用				
			本月生产费用合计				
			累计生产费用				
			本月完工产品总定额				
			月末在产品总定额				
			总定额合计				
			费用分配率（完工产品单位成本）				
			结转本月完工甲产品成本份额				
			月末广义在产品成本				

表 35　　**南华工厂制造费用明细账**

生产单位：第一车间

20××年		凭证字号	摘要	费用项目							合计
月	日			薪酬	折旧费	机物料	办公费	水电费	保险费	其他	
			领用材料								
			分配薪酬								
			水电费								
			办公费								
			保险费等								
			折旧费								
			本月合计								
			分配转出								

表 36　　**南华工厂制造费用明细账**

生产单位：第二车间

20××年		凭证字号	摘要	费用项目							合计
月	日			薪酬	折旧费	机物料	办公费	水电费	保险费	其他	
			领用材料								
			分配薪酬								
			水电费								
			办公费								
			保险费等								
			折旧费								
			本月合计								
			分配转出								

表 37　　**南华工厂制造费用明细账**

生产单位：第三车间

20××年		凭证字号	摘要	费用项目							合计
月	日			薪酬	折旧费	机物料	办公费	水电费	保险费	其他	
			领用材料								
			分配薪酬								
			水电费								
			办公费								
			保险费等								
			折旧费								
			本月合计								
			分配转出								

表 38 **南华工厂制造费用明细账**

生产单位：第四车间

20××年		凭证字号	摘要	费用项目							合计
月	日			薪酬	折旧费	机物料	办公费	水电费	保险费	其他	
			领用材料								
			分配薪酬								
			水电费								
			办公费								
			保险费等								
			折旧费								
			本月合计								
			分配转出								

表 39 **南华工厂自制半成品明细账**

户名：A 半成品　　实物单位：千克

20××年		凭证字号	摘要	收入		发出			结存	
月	日			数量	金额	数量	单价	金额	数量	金额
			上月结转							
			一车间交库							
			二车间领用							
			本月合计							

表 40 **南华工厂自制半成品明细账**

户名：B 半成品　　实物单位：千克

20××年		凭证字号	摘要	收入		发出			结存	
月	日			数量	金额	数量	单价	金额	数量	金额
			上月结转							
			一车间交库							
			三车间领用							
			本月合计							

12. 月末对账（完成表 41、表 42）。

表 41 **南华工厂明细分类账户本月发生额及余额明细表**

总账账户：生产成本　　20××年 11 月 30 日　　单位：元

明细账户名称	期初借方余额	本月借方发生额	本月贷方发生额	期末借方余额
第一车间 A 半成品				
第一车间 B 半成品				
小计（第一车间二级账）				
第二车间				
第三车间				
第四车间				
合计（生产成本总账）				

表42 南华工厂明细分类账户本月发生额及余额明细表

总账账户：自制半成品 20××年11月30日 金额单位：元

明细账户名称	期初结存		本月收入		本期发出		期末结存	
	数量	金额	数量	金额	数量	金额	数量	金额
A半成品								
B半成品								
合计（自制半成品总账）								

附录1

练习题参考答案与实务训练提示

第1章 练习题参考答案

一、填空题

1.C+V、已消耗的生产资料、劳动者为自己劳动　2.日常活动、所有者权益、向所有者分配利润、经济利益　3.期间费用　4.经济内容　5.成本预测、成本决策、成本计划、成本控制、成本核算、成本分析、成本考核、成本检查　6.会计、集中、分散　7.企业会计准则、企业产品成本核算制度　8.原始记录、定额管理、计量验收、内部结算价格

二、判断题

1.√　2.×　3.√　4.√　5.×　6.√　7.√　8.√　9.×　10.√　11.×　12.√　13.×　14.×

三、单项选择题

1.B　2.B　3.A　4.B　5.A　6.D

四、多项选择题

1.AB　2.AD　3.ABCD　4.ABCD　5.ABCD　6.ABCD

五、简答题

（略）

第2章 练习题参考答案

一、填空题

1.产品成本、期间费用　2.资本性、营业外　3.权责发生制　4.期间费用　5.受益　6.期末在产品　7.本期　8.期初在产品成本、本期发生的生产费用

二、判断题

1.×　2.√　3.×　4.×　5.√　6.√　7.×　8.√　9. √　10. ×

三、单项选择题

1.C　2.D　3.A　4.C　5.B　6.C　7.D

四、多项选择题

1.BD　2.AC　3.AB　4.ABD　5.ABC　6.AB　7.ABC

五、简答题

（略）

第3章 练习题参考答案

一、填空题

1.材料费、燃料和动力费、人工费、折旧费、低值易耗品摊销、机物料消耗 2.直接材料、燃料和动力、直接人工、制造费用 3.直接计入、间接计入 4.固定、变动 5.基本、一般 6.生产成本、劳务成本、制造费用、长期待摊费用、销售费用、管理费用、财务费用

二、判断题

1.√ 2.× 3.× 4.× 5.√ 6.√ 7.√ 8.× 9.√ 10.×

三、单项选择题

1.A 2.A 3.C 4.B 5.A 6.B 7.C 8.A 9.B 10.C

四、多项选择题

1.ABC 2.ABCD 3.BD 4.CD 5.BC 6.ACD 7.ABC 8.ABC 9.ABCD 10.ABC

五、简答题

（略）

第4章 练习题参考答案与实务训练提示

一、填空题

1.连续记录法（永续盘存法）、盘存计算法（实地盘存制）、连续记录法（永续盘存法） 2.先进先出法、加权平均法、个别计价法 3.移动加权平均法、月末一次加权平均法 4.重量分配法、定额耗用量分配法、系数分配法（标准产量分配法） 5.生产工人工时分配法、机器工时分配法 6.生产工人工时分配法、直接材料成本分配法、系数分配法

二、判断题

1.× 2.√ 3.× 4.× 5.× 6.√ 7.× 8.√

三、单项选择题

1.A 2.D 3.B 4.B 5.B 6.B

四、多项选择题

1.ABC 2.ABCD 3.ABC 4.ABCD 5.ABCD 6.ABC

五、简答题

（略）

实训一

表4-1（答案） 材料费用分配表（重量分配法）

材料名称：A材料 20××年3月 金额单位：元

产品	产品净重（千克）	分配率	分配金额
甲产品	2 500		50 000
乙产品	4 500		90 000
丙产品	3 000		60 000
合计	10 000	20	200 000

实训二

表4-2（答案）　　材料费用分配表（定额耗用量分配法）

材料名称：B材料　　20××年3月　　金额单位：元

产品名称	产品投产量（件）	单位定额（千克/件）	定额消耗总量（千克）	分配率	实际消耗总量（千克）	分配率	应分配材料费用
甲产品	2 000	3	6 000		6 300		78 750
乙产品	1 600	2.5	4 000		4 200		52 500
丙产品	1 200	5	6 000		6 300		78 750
合计	—	—	16 000	1.05	16 800	12.5	210 000

实训三

表4-3（答案）　　材料费用分配表（系数分配法）

材料名称：C材料　　20××年3月　　金额单位：元

产品名称	单位产品消耗定额	系数	实际产量（件）	标准产量（总系数）	费用分配率	应分配材料费用
801	30.0	1.2	400	480		12 480
802	27.5	1.1	500	550		14 300
803	25.0	1.0	1 000	1 000		26 000
804	20.0	0.8	200	160		4 160
805	17.5	0.7	160	112		2 910
合计	—	—	—	2 302	26	59 850

实训四

借：生产成本——甲产品　　78 750
　　　　　　——乙产品　　52 500
　　　　　　——丙产品　　78 750
　　制造费用　　3 000
　　管理费用　　6 000
　贷：原材料——B材料　　219 000

实训五

表4-4（答案）　　外购电费分配表（生产工人工时分配法）

20××年3月　　金额单位：元

产品	生产工人工时（小时）	分配率	分配金额
甲产品	8 000		16 000
乙产品	4 000		8 000
丙产品	3 000		6 000
合计	15 000	2	30 000

分配结转本月应付电费的会计分录如下：

借：生产成本——甲产品　16 000
　　　　　　——乙产品　8 000
　　　　　　——丙产品　6 000
　　制造费用　2 000
　　管理费用　4 000
　贷：应付账款——市供电公司　36 000

实训六

表 4-5（答案）　**应付职工薪酬汇总表**

20××年 3 月　金额单位：元

项　目	产品生产工人	车间管理人员	厂部管理人员	合　计
一、短期薪酬				
1. 工资总额	82 500	4 500	13 000	100 000
2. 职工福利费	4 950	270	780	6 000
3. 医疗保险费	4 950	270	780	6 000
4. 工伤保险费	330	18	52	400
5. 生育保险费	330	18	52	400
6. 住房公积金	6 600	360	1 040	8 000
7. 工会经费	1 650	90	260	2 000
8. 职工教育经费	6 600	360	1 040	8 000
小　计	107 910	5 886	17 004	130 800
二、离职后福利				
1. 养老保险费	11 550	630	1 820	14 000
2. 失业保险费	825	45	130	1 000
小　计	12 375	675	1 950	15 000
合　计	120 285	6 561	18 954	145 800

表 4-6（答案）　**直接人工费用分配表（生产工人工时分配法）**

20××年 3 月　金额单位：元

产品名称	生产工人工时（小时）	分配率	分配金额
甲产品	8 000		64 152
乙产品	4 000		32 076
丙产品	3 000		24 057
合　计	15 000	8.019	120 285

分配结转本月应付职工薪酬的会计分录如下：

借：生产成本——甲产品	64 152	
——乙产品	32 076	
——丙产品	24 057	
制造费用	6 561	
管理费用	18 954	
贷：应付职工薪酬——短期薪酬（工资）		100 000
——短期薪酬（职工福利费）		6 000
——短期薪酬（医疗保险费）		6 000
——短期薪酬（工伤保险费）		400
——短期薪酬（生育保险费）		400
——短期薪酬（住房公积金）		8 000
——短期薪酬（工会经费）		2 000
——短期薪酬（职工教育经费）		8 000
——离职后福利（养老保险费）		14 000
——离职后福利（失业保险费）		1 000

第5章　练习题参考答案与实务训练提示

一、填空题

1.期末在产品成本　2.应无余额　3.直接分配法、一次交互分配法、顺序分配法、代数分配法、计划成本分配法　4.计划成本分配法　5.代数分配法

二、判断题

1.×　2.×　3.√　4.×　5.√

三、单项选择题

1.A　2.A　3.C　4.A

四、多项选择题

1.AC　2.ABCDE　3.AC，A　4.BCD　5.ABD　6.ABCD

五、简答题

（略）

实训一

（1）借：生产成本——辅助生产成本（自制包装物）	19 560	
贷：原材料		12 000
应付职工薪酬		4 560
制造费用——辅助生产车间		3 000
（2）借：周转材料——包装物	19 560	
贷：生产成本——辅助生产成本（自制包装物）		19 560

实训二

费用分配率计算如下：

供电车间费用分配率$=\frac{29\ 120}{88\ 000-8\ 000}=0.364$（元/度）

供水车间费用分配率$=\frac{26\ 880}{42\ 400-2\ 400}=0.672$（元/吨）

表 5-1（答案） **辅助生产费用分配表（直接分配法）**

20××年 3 月 金额单位：元

项　目	分配电费		分配水费	
	数量（度）	金额	数量（吨）	金额
待分配费用		29 120		26 880
劳务供应总量	88 000		42 400	
费用分配率		0.364		0.672
受益单位和部门：				
供电车间			（2 400）	—
供水车间	（8 000）	—		
产品生产	60 000	21 840		
车间管理部门	6 000	2 184	30 000	20 160
厂部管理部门	14 000	5 096	10 000	6 720
合　计	80 000	29 120	40 000	26 880

分配结转辅助生产费用的会计分录：

借：生产成本——基本生产成本 21 840

　　制造费用 22 344

　　管理费用 11 816

　贷：生产成本——辅助生产成本（供电车间） 29 120

　　　　　　——辅助生产成本（供水车间） 26 880

实训三

费用分配率计算：

供电车间交互分配分配率 $=\frac{29\,120}{88\,000}\approx 0.33$（元/度）

供水车间交互分配分配率 $=\frac{26\,880}{42\,400}\approx 0.634$（元/吨）

供电车间对外分配分配率 $=\frac{29\,120+2\,400\times 0.634-8\,000\times 0.33}{88\,000-8\,000}\approx 0.35$（元/度）

供水车间对外分配分配率 $=\frac{26\,880+8\,000\times 0.33-2\,400\times 0.634}{42\,400-2\,400}\approx 0.70$（元/吨）

表 5-2（答案） **辅助生产费用分配表（一次交互分配法）**

20××年 3 月 金额单位：元

项　目	交互分配				对外分配			
	分配电费		分配水费		分配电费		分配水费	
	数量（度）	金额	数量（吨）	金额	数量（度）	金额	数量（吨）	金额
待分配费用		29 120		26 880		28 002		27 998
劳务供应总量	88 000		42 400		80 000		40 000	

续表

项目	交互分配				对外分配			
	分配电费		分配水费		分配电费		分配水费	
	数量（度）	金额	数量（吨）	金额	数量（度）	金额	数量（吨）	金额
费用分配率		0.33		0.634		0.35		0.70
受益单位和部门：								
供电车间			2 400	1 522				
供水车间	8 000	2 640						
产品生产					60 000	21 000		
车间管理部门					6 000	2 100	30 000	21 000
厂部管理部门					14 000	4 902	10 000	6 998
合计	8 000	2 640	2 400	1 522	80 000	28 002	40 000	27 998

①交互分配的会计分录。

借：生产成本——辅助生产成本（供电车间） 1 522
　　　　　——辅助生产成本（供水车间） 2 640
　贷：生产成本——辅助生产成本（供电车间） 2 640
　　　　　　——辅助生产成本（供水车间） 1 522

②对外分配的会计分录。

借：生产成本——基本生产成本 21 000
　　制造费用 23 100
　　管理费用 11 900
　贷：生产成本——辅助生产成本（供电车间） 28 002
　　　　　　——辅助生产成本（供水车间） 27 998

实训四

表5-3（答案） **辅助生产费用分配表（顺序分配法）**

20××年3月 金额单位：元

项目	供电车间费用分配		供水车间费用分配	
	数量（度）	金额	数量（吨）	金额
待分配费用		29 120		29 527
劳务供应总量	88 000		40 000	
费用分配率		0.33091		0.73818
受益单位和部门：				
供电车间			（2 400）	
供水车间	8 000	2 647		
产品生产	60 000	19 855		
车间管理部门	6 000	1 985	30 000	22 145
厂部管理部门	14 000	4 633	10 000	7 382
合计	88 000	29 120	40 000	29 527

①分配结转供电车间费用的会计分录：

借：生产成本——辅助生产成本（供水车间） 2 647
　　　　　　——基本生产成本 19 855
　　制造费用 1 985
　　管理费用 4 633
　贷：生产成本——辅助生产成本（供电车间） 29 120

②分配结转供水车间费用的会计分录：

借：制造费用 22 145
　　管理费用 7 382
　贷：生产成本——辅助生产成本（供水车间） 29 527

实训五

单位成本（费用分配率）的计算：

设每度电的成本为X元，每一修理工时的成本为Y元，据题意可得：

$$\begin{cases} 88\,000X = 29\,120 + 2\,400Y \\ 42\,400Y = 26\,880 + 8\,000X \end{cases}$$

解得X=0.35，Y=0.70，即电的单位成本为0.35元/度，水的单位成本为0.70元/吨。

表5-4（答案）　　辅助生产费用分配表（代数分配法）

20××年3月　　金额单位：元

项　目	分配电费		分配水费	
	数量（度）	金额	数量（吨）	金额
待分配费用		29 120		26 880
劳务供应总量	88 000		42 400	
费用分配率		0.35		0.70
受益单位和部门：				
供电车间			2 400	1 680
供水车间	8 000	2 800		
产品生产	60 000	21 000		
车间管理部门	6 000	2 100	30 000	21 000
厂部管理部门	14 000	4 900	10 000	7 000
合　计	88 000	30 800	42 400	29 680

分配结转辅助生产费用的会计分录：

借：生产成本——辅助生产成本（供电车间） 1 680
　　　　　　——辅助生产成本（供水车间） 2 800
　　　　　　——基本生产成本 21 000
　　制造费用 23 100
　　管理费用 11 900
　贷：生产成本——辅助生产成本（供电车间） 30 800
　　　　　　　——辅助生产成本（供水车间） 29 680

实训六

成本差异的计算：

供电车间成本差异=29 120+1 661−30 800=−19（元）

供水车间成本差异=26 880+2 800−29 341=339（元）

表5-5（答案） 辅助生产费用分配表（计划成本分配法）

20××年3月 金额单位：元

项目	按计划成本分配				成本差异分配	
	分配电费		分配水费		电费	水费
	数量（度）	金额	数量（吨）	金额		
待分配费用		29 120		26 880		
劳务供应总量	88 000		42 400			
计划单位成本		0.35		0.692		
受益单位和部门：						
供电车间			2 400	1 661		
供水车间	8 000	2 800				
产品生产	60 000	21 000				
车间管理部门	6 000	2 100	30 000	20 760		
厂部管理部门	14 000	4 900	10 000	6 920	-19	339
合计	88 000	30 800	42 400	29 341	-19	339

①按计划成本分配结转辅助生产费用的会计分录：

借：生产成本——辅助生产成本（供电车间） 1 661
　　　　　——辅助生产成本（供水车间） 2 800
　　　　　——基本生产成本 21 000
　　制造费用 22 860
　　管理费用 11 820
　贷：生产成本——辅助生产成本（供电车间） 30 800
　　　　　　——辅助生产成本（供水车间） 29 341

②分配结转辅助生产成本差异的会计分录：

借：管理费用 320
　贷：生产成本——辅助生产成本（供电车间） [19]
　　　　　　——辅助生产成本（供水车间） 339

第6章 练习题参考答案与实务训练提示

一、填空题

1.废品损失、停工损失、存货盘亏和毁损等 2.可修复、不可修复 3.工废品、料废品 4.当期损益 5.产品生产成本 6.同种合格产品 7.销售损益 8.营业外支出

二、判断题

1.× 2.× 3.√ 4.× 5.√ 6.√

三、单项选择题

1.B 2.B 3.B 4.A 5.A 6.D

四、多项选择题

1.AC 2.ABC 3.BCD 4.AB 5.BC 6.ABCD

五、简答题

（略）

实训一

（1）不可修复废品生产成本的计算如下：

直接材料项目=$\frac{21\,600}{940+60}$×60=1 296（元）

直接人工项目=$\frac{23\,568}{940+42}$×42=1 008（元）

制造费用项目=$\frac{17\,676}{940+42}$×42=756（元）

不可修复废品生产成本=1 296+1 008+756=3 060（元）

有关会计分录：

借：废品损失——甲产品　3 060
　贷：生产成本——甲产品　3 060

（2）借：库存现金　510
　　贷：废品损失——甲产品　510

（3）借：其他应收款——××个人　200
　　贷：废品损失 ——甲产品　200

（4）废品净损失=3 060−510−200=2 350（元）

借：生产成本——甲产品（废品损失）　2 350
　贷：废品损失——甲产品　2 350

（5）表 6-1（答案）　**废品损失明细账**

生产单位：第二车间　　产品：甲产品

20××年		凭证字号	摘要	借方	贷方	借或贷	余额
月	日						
3	31	略	60件废品生产成本	3 060		借	3 060
	31		处理废品残料收入		510	借	2 550
	31		应收过失人××赔款		200	借	2 350
	31		结转废品净损失		2 350	平	0

表 6-2（答案）　**南山工厂第二车间产品成本计算单**

产品：甲产品　　20××年 3 月　　金额单位：元

摘要	直接材料	直接人工	制造费用	废品损失	合计
累计生产费用	21 600	23 568	17 676	0	62 844
转出不可修复废品生产成本	−1 296	−1 008	−756	0	−3 060
转入废品净损失				2 350	2 350
合格产品总成本	20 304	22 560	16 920	2 350	62 134
合格产品单位成本	21.60	24	18	2.50	66.10

（6）借：库存商品——甲产品　62 134
　　贷：生产成本——甲产品　62 134

实训二

（1）借：废品损失——乙产品　20 500

贷：原材料 4 000

应付职工薪酬 13 500

制造费用 3 000

（2）借：其他应收款——××个人 600

贷：废品损失——乙产品 600

（3）废品净损失=20 500-600=19 900（元）

借：生产成本——乙产品（废品损失） 19 900

贷：废品损失——乙产品 19 900

实训三

（1）借：停工损失——第一车间 5 000

制造费用——第二车间 3 900

贷：应付职工薪酬 8 460

制造费用——第一车间 440

（2）借：其他应收款——××供应商 2 000

贷：停工损失——第一车间 2 000

（3）停工净损失=5 000-2 000=3 000（元）

借：营业外支出 3 000

贷：停工损失——第一车间 3 000

第7章 练习题参考答案与实务训练提示

一、填空题

1.间接费用 2.基本生产单位 3.生产单位 4.生产工人工时、机器工时、直接成本、计划费用分配率 5.12月份的产品成本 6.作业成本法

二、判断题

1.× 2.√ 3.× 4.√ 5.√ 6.× 7.√

三、单项选择题

1.D 2.B 3.A 4.B 5.D 6.A 7.C

四、多项选择题

1.ABC 2.AC 3.ABCD 4.AB 5.ABCD 6.AC 7.ABCD

五、简答题

（略）

实训一

（1）借：生产成本——基本生产成本 74 550

制造费用——基本生产车间 5 964

管理费用 8 946

贷：应付职工薪酬 89 460

（2）借：制造费用——基本生产车间 1 896

管理费用 2 400

贷：银行存款 4 296

（3）借：制造费用——基本生产车间 6 000

管理费用 2 000

贷：累计折旧　　8 000

（4）借：生产成本——基本生产成本　　72 000

制造费用——基本生产车间　　5 000

管理费用　　3 000

贷：原材料　　80 000

（5）借：制造费用——基本生产车间　　2 000

贷：周转材料——低值易耗品　　2 000

（6）借：制造费用——基本生产车间　　600

贷：其他应收款——刘主任　　600

借：其他应收款——刘主任　　100

贷：库存现金　　100

（7）借：制造费用——基本生产车间　　2 000

贷：银行存款　　2 000

（8）借：制造费用——基本生产车间　　1 000

贷：银行存款　　1 000

（9）借：制造费用——基本生产车间　　1 600

贷：银行存款　　1 600

（10）借：生产成本——基本生产成本　　5 000

制造费用——基本生产车间　　800

管理费用　　1 200

贷：银行存款　　7 000

表 7-1（答案）　　**制造费用明细账**

生产单位：基本生产车间

20××年		凭证字号	摘要	费用明细项目										合计
月	日			管理人员薪酬	折旧费	机物料消耗	低值易耗品摊销	办公费	差旅费	劳动保护费	租赁费	保险费	水电费	
3	31	（1）	略	5 964										5 964
	31	（2）						1 896						1 896
	31	（3）			6 000									6 000
	31	（4）				5 000								5 000
	31	（5）					2 000							2 000
	31	（6）							600					600
	31	（7）								2 000				2 000
	31	（8）									1 000			1 000
	31	（9）										1 600		1 600
	31	（10）											800	800
	31		月计	5 964	6 000	5 000	2 000	1 896	600	2 000	1 000	1 600	800	26 860
	31	实训二	转出	5 964	6 000	5 000	2 000	1 896	600	2 000	1 000	1 600	800	26 860

注：凭证字号栏中的数字为会计分录序号。

实训二

表 7-2（答案）　　制造费用分配表（生产工人工时分配法）

生产单位：基本生产车间　　20××年 3 月　　金额单位：元

产品名称	生产工人工时（小时）	分配率	分配金额
甲产品	1 500		6 715
乙产品	2 500		11 192
丙产品	2 000		8 953
合计	6 000	4.476667	26 860

结转制造费用的会计分录：

借：生产成本——甲产品　　6 715

　　　　　——乙产品　　11 192

　　　　　——丙产品　　8 953

　贷：制造费用——基本生产车间　　26 860

实训三

表 7-3（答案）　　制造费用分配表（机器工时分配法）

生产单位：第一基本生产车间　　20××年 3 月　　金额单位：元

产品名称	标准机器工时（小时）				费用分配率	分配金额
	A 类设备（标准机器工时）	B 类设备（工时换算系数 1.25）		标准机器工时合计		
		实际工时	标准工时			
甲产品	50 000	100 000	125 000	175 000		262 500
乙产品	20 000	80 000	100 000	120 000		180 000
丙产品	80 000	20 000	25 000	105 000		157 500
合计	150 000	200 000	250 000	400 000	1.50	600 000

结转制造费用的会计分录：

借：生产成本——甲产品　　262 500

　　　　　——乙产品　　180 000

　　　　　——丙产品　　157 500

　贷：制造费用——第一基本生产车间　　600 000

实训四

（1）计划制造费用分配率$=\dfrac{510\,000}{2\,200\times20+3\,800\times10+2\,200\times40}=3$（元/小时）

表 7-4（答案） 制造费用分配表（计划费用分配率分配法）

生产单位：基本生产车间 20××年 12 月 金额单位：元

产品名称	产品产量	单位产品定额工时	生产总工时	当月按计划分配率分配		年末差额分配	
				计划分配率	分配金额	分配率	分配金额
甲产品	400	20	8 000		24 000		1 600
乙产品	500	10	5 000		15 000		1 000
丙产品	300	40	12 000		36 000		2 400
合计			25 000	3	75 000	0.20	5 000

（2）按计划费用分配率分配结转制造费用的会计分录：

借：生产成本——甲产品 24 000

——乙产品 15 000

——丙产品 36 000

贷：制造费用——基本生产车间 75 000

（3）制造费用差额=20 000+60 000−75 000=5 000（元）

$$制造费用分配率=\frac{5\,000}{400\times20+500\times10+300\times40}=0.20（元/小时）$$

分配结转制造费用差额的会计分录：

借：生产成本——甲产品 1 600

——乙产品 1 000

——丙产品 2 400

贷：制造费用——基本生产车间 5 000

上述两笔会计分录也可以根据表 7-4 合并编制为：

借：生产成本——甲产品 25 600

——乙产品 16 000

——丙产品 38 400

贷：制造费用——基本生产车间 80 000

（4）登记基本生产车间制造费用明细账。

表 7-5（答案） 制造费用明细账

生产单位：基本生产车间

20××年 月	日	凭证字号	摘要	借方	贷方	借或贷	余额
12	1	略	上月结转累计发生额及余额	455 000	435 000	借	20 000
	31		本月发生制造费用	60 000		借	80 000
	31		本月按计划费用分配率分配制造费用		75 000	借	5 000
	31		年末分配结转制造费用差额		5 000	平	0
	31		本月发生额合计	60 000	80 000		
	31		本年累计发生额	515 000	515 000		

实训五

表7-7（答案）　青秀工厂制造费用分配率计算表（作业成本法）

生产单位：加工车间　20××年3月　金额单位：元

制造费用项目	应分配制造费用总额	成本动因	计量单位	作业数量	制造费用分配率
1.生产启动准备费用	8 000	产品生产批次	批次	10	800
2.材料检验费用	9 000	产品直接材料成本	元	3 000 000	0.003
3.机器设备折旧费用	540 000	产品机器工时	小时	150 000	3.6
4.厂房折旧费用	267 000	产品产量	千克	100 000	2.67
5.水电费用	99 000	产品机器工时	小时	150 000	0.66
6.车间管理人员薪酬和办公费用	28 000	产品产量	千克	100 000	0.28
7.劳动保护费用	20 000	产品直接人工成本	元	1 000 000	0.02
8.产品检验费用	12 000	产品检验时间	小时	600	20
9.其他制造费用	17 000	产品产量	千克	100 000	0.17

表7-8（答案）　青秀工厂制造费用分配表（作业成本法）

生产单位：加工车间　20××年3月　金额单位：元

制造费用项目	制造费用分配率	甲产品		乙产品		丙产品		分配金额合计
		作业量	分配金额	作业量	分配金额	作业量	分配金额	
1.生产启动准备费用	800	2	1 600	3	2 400	5	4 000	8 000
2.材料检验费用	0.003	1 000 000	3 000	800 000	2 400	1 200 000	3 600	9 000
3.机器设备折旧费用	3.6	40 000	144 000	30 000	108 000	80 000	288 000	540 000
4.厂房折旧费用	2.67	40 000	106 800	20 000	53 400	40 000	106 800	267 000
5.水电费用	0.66	40 000	26 400	30 000	19 800	80 000	52 800	99 000
6.车间管理人员薪酬和办公费用	0.28	40 000	11 200	20 000	5 600	40 000	11 200	28 000
7.劳动保护费用	0.02	300 000	6 000	250 000	5 000	450 000	9 000	20 000
8.产品检验费用	20	200	4 000	160	3 200	240	4 800	12 000
9.其他制造费用	0.17	40 000	6 800	20 000	3 400	40 000	6 800	17 000
合　计			309 800		203 200		487 000	1 000 000

结转本月制造费用的会计分录：

借：生产成本——甲产品　309 800

　　　　　　——乙产品　203 200

　　　　　　——丙产品　487 000

　贷：制造费用——加工车间　1 000 000

第8章　练习题参考答案与实务训练提示

一、填空题

1.在制品、半成品　2.本月生产费用累计数　3.完工产品、在产品　4.生产单位、生产步骤、产品品种、在产品　5.实地盘点　6.不计算在产品成本法、固定在产品成本法、在产品只计算材料成本法、约当产量法、定额比例法、在产品按完工产品成本计价法、在产品按定额成本计算法

二、判断题

1.×　2.√　3.√　4.×　5.×　6.√　7.√　8.√　9.×　10.×

三、单项选择题

1.B　2.B　3.B　4.B　5.D　6.C

四、多项选择题

1.ABC　2.ABD　3.ABCD　4.AC　5.ABC　6.ABCD

五、简答题

（略）

实训一

表8-1（答案）　产品成本计算单

产品：甲产品　产量：1 000件　20××年3月　金额单位：元

摘要	直接材料	直接人工	制造费用	合计
月初在产品成本	60 000	35 000	25 000	120 000
本月生产费用	480 000	290 000	230 000	1 000 000
生产费用合计	540 000	325 000	255 000	1 120 000
本月完工产品总成本	480 000	290 000	230 000	1 000 000
本月完工产品单位成本	480	290	230	1 000
月末在产品成本	60 000	35 000	25 000	120 000

结转本月完工入库产品成本的会计分录：

借：库存商品——甲产品　1 000 000

　贷：生产成本——甲产品　1 000 000

实训二

表8-2（答案）　产品成本计算单

产品：乙产品　产量：300件　20××年3月　金额单位：元

摘　要	直接材料	直接人工	制造费用	合　计
月初在产品成本	50 000			50 000
本月生产费用	600 000	120 000	80 000	800 000
生产费用合计	650 000	120 000	80 000	850 000
本月完工产品总成本	600 000	120 000	80 000	800 000
本月完工产品单位成本	2 000	400	266.67	2 666.67
月末在产品成本	50 000			50 000

结转本月完工入库产品成本的会计分录：

借：库存商品——乙产品　　800 000

　贷：生产成本——乙产品　　800 000

实训三

表 8-3（答案）　在产品投料率及约当量计算表

产品：丙产品　　20××年 3 月　　实物单位：件

工序	月末在产品数量	单位产品投料定额（元）	在产品投料率	月末在产品约当量
一	200	600	$\frac{600}{1\,000}\times100\%=60\%$	120
二	100	300	$\frac{600+300}{1\,000}\times100\%=90\%$	90
三	100	100	$\frac{600+300+100}{1\,000}\times100\%=100\%$	100
合计	400	1 000	—	310

实训四

表 8-4（答案）　在产品完工率及约当量计算表

产品：丙产品　　20××年 3 月　　实物单位：件

工序	月末在产品数量	单位产品工时定额（小时）	在产品完工率	月末在产品约当量
一	200	50	$\frac{50\times50\%}{100}\times100\%=25\%$	50
二	100	30	$\frac{50+30\times50\%}{100}\times100\%=65\%$	65
三	100	20	$\frac{50+30+20\times50\%}{100}\times100\%=90\%$	90
合计	400	100	—	205

实训五

表 8-5（答案）　产品成本计算单

产品：丙产品　产量：2 000 件　　20××年 3 月　　金额单位：元

摘要	直接材料	直接人工	制造费用	合计
月初在产品成本	300 000	44 000	56 000	400 000
本月生产费用	2 033 100	441 100	561 400	3 035 600
生产费用合计	2 333 100	485 100	617 400	3 435 600
本月完工产品数量	2 000	2 000	2 000	2 000
月末在产品约当量	310	205	205	—
生产量合计	2 310	2 205	2 205	—
费用分配率	1 010	220	280	1 510
本月完工产品总成本	2 020 000	440 000	560 000	3 020 000
本月完工产品单位成本	1 010	220	280	1 510
月末在产品成本	313 100	45 100	57 400	415 600

结转本月完工入库产品成本的会计分录：

借：库存商品——丙产品 3 020 000

贷：生产成本——丙产品 3 020 000

实训六

表 8-6（答案） 产品成本计算单

产品：丁产品 产量：2 000 件 20××年 3 月 金额单位：元

摘要	直接材料	直接人工	制造费用	合计
月初在产品成本	300 000	44 000	56 000	400 000
本月发生生产费用	2 033 100	441 100	561 400	3 035 600
生产费用合计	2 333 100	485 100	617 400	3 435 600
本月完工产品总定额	2 000 000	200 000	200 000	—
月末在产品总定额	310 000	20 500	20 500	—
定额合计	2 310 000	220 500	220 500	—
费用分配率	1.01	2.2	2.8	—
本月完工产品总成本	2 020 000	440 000	560 000	3 020 000
本月完工产品单位成本	1 010	220	280	1 510
月末在产品总成本	313 100	45 100	57 400	415 600

结转本月完工入库产品成本的会计分录：

借：库存商品——丁产品 3 020 000

贷：生产成本——丁产品 3 020 000

实训七

表 8-7（答案） 月末在产品定额成本计算表

产品：丁产品 20××年 3 月 金额单位：元

工序	在产品数量	材料成本		人工成本		制造费用		月末在产品定额总成本
		单位定额	总成本	单位定额	总成本	单位定额	总成本	
一	200	600	120 000	55	11 000	70	14 000	145 000
二	100	900	90 000	143	14 300	182	18 200	122 500
三	100	1 000	100 000	198	19 800	252	25 200	145 000
合计	400	—	310 000	—	45 100	—	57 400	412 500

表 8-8（答案） 产品成本计算单

产品：丁产品 产量：2 000 件 20××年 3 月 金额单位：元

摘要	直接材料	直接人工	制造费用	合计
月初在产品成本	300 000	44 000	56 000	400 000
本月发生生产费用	2 033 100	441 100	561 400	3 035 600
生产费用合计	2 333 100	485 100	617 400	3 435 600
本月完工产品总成本	2 023 100	440 000	560 000	3 023 100
本月完工产品单位成本	1 011.55	220	280	1 511.55
月末在产品成本（定额成本）	310 000	45 100	57 400	412 500

结转本月完工入库产品成本的会计分录：

借：库存商品——丁产品　　3 023 100

　贷：生产成本——丁产品　　3 023 100

第9章　练习题参考答案

一、填空题

1.生产工艺过程特点、生产经营组织类型、产品种类繁简、成本管理要求　2.单步骤生产、多步骤生产　3.连续式、装配式　4.大量生产、成批生产、单件生产　5.品种、批次订单、品种、所经生产步骤　6.成本核算对象　7.品种法、分批法、分步法　8.分类法、定额法、作业成本法、标准成本法、变动成本法

二、判断题

1.√　2.×　3.×　4.√　5.√　6.×　7.√　8.×　9.×　10.√

三、单项选择题

1.A　2.C　3.A　4.A　5.B

四、多项选择题

1.AB　2.BC　3.ABC　4.ABD　5.BCD　6.ABC　7.AB　8.ABD

五、简答题

（略）

第10章　练习题参考答案与实务训练提示

一、填空题

1.品种法　2.产品品种　3.大量大批、多步骤生产、辅助　4.产品品种　5.会计报告期、产品生产周期

二、判断题

1.√　2.√　3.×　4.×　5.×　6.√　7.√　8.√

三、单项选择题

1.B　2.B　3.C　4.B

四、多项选择题

1.AB　2.AB　3.ACD　4.ABC

五、简答题

（略）

实训

（1）略。

（2）有关计算与账务处理：

①直接材料费用分配率= $\frac{60\,000}{200\,000+100\,000}$ =0.20

表 10-3（答案）　　**直接材料费用分配表**

20××年 3 月　　金额单位：元

产品	直接耗用材料	分配率	分配共同用料	直接材料费用合计
甲产品	200 000		40 000	240 000
乙产品	100 000		20 000	120 000
合计	300 000	0.20	60 000	360 000

结转材料费用的会计分录：

借：生产成本——甲产品　　240 000
　　　　　　——乙产品　　120 000
　　　　　　——供电车间　　62 000
　　　　　　——供气车间　　10 000
　　制造费用——基本生产车间　　4 000
　　管理费用　　6 000
　贷：原材料　　442 000

②直接人工费用分配率=$\frac{307\,800}{67\,500}$=4.56（元/小时）

表 10-4（答案）　　**直接人工费用分配表**

20××年 3 月　　金额单位：元

产品	生产工人工时（小时）	分配率	分配金额
甲产品	40 500		184 680
乙产品	27 000		123 120
合计	67 500	4.56	307 800

分配结转人工费用的会计分录：

借：生产成本——甲产品　　184 680
　　　　　　——乙产品　　123 120
　　　　　　——供电车间　　11 400
　　　　　　——供气车间　　13 680
　　制造费用——基本生产车间　　9 120
　　管理费用　　34 200
　贷：应付职工薪酬　　376 200

③计提折旧费的会计分录：

借：生产成本——供电车间　　6 000
　　　　　　——供气车间　　5 000
　　制造费用——基本生产车间　　30 000
　　管理费用　　8 000
　贷：累计折旧　　49 000

④分摊长期待摊费用的会计分录：

借：生产成本——供电车间　　1 200
　　　　　　——供气车间　　800
　　制造费用——基本生产车间　　2 000
　　管理费用　　1 000

贷：长期待摊费用　5 000

⑤以现金支付费用的会计分录：

借：生产成本——供电车间　400

——供气车间　1 000

制造费用——基本生产车间　1 400

管理费用　3 200

贷：库存现金　6 000

⑥以银行存款支付费用的会计分录：

借：生产成本——供电车间　40 000

——供气车间　22 000

制造费用——基本生产车间　3 000

管理费用　6 000

贷：银行存款　71 000

⑦归集、分配和结转辅助生产费用的会计分录：

借：生产成本——供电车间　4 600

——供气车间　12 000

——甲产品　48 000

——乙产品　32 000

制造费用——基本生产车间　50 000

管理费用　42 500

贷：生产成本——供电车间　122 400

——供气车间　66 700

借：管理费用　980

贷：生产成本——供电车间　3 200

——供气车间　2 220

表10-5（答案）　**辅助生产成本明细账**

生产单位：供电车间　单位：元

摘　要	费用项目			合　计
	直接人工	燃料和外购电力	其他费用	
分配材料费		62 000		62 000
分配人工费	11 400			11 400
计提折旧费			6 000	6 000
分摊长期待摊费用			1 200	1 200
购办公用品			400	400
支付水电费		40 000		40 000
分配气费			4 600	4 600
本月发生额	11 400	102 000	12 200	125 600
月末分配结转	11 400	102 000	12 200	125 600

表 10-6（答案）　辅助生产成本明细账

生产单位：供气车间　　　　单位：元

摘　要	费用项目			合　计
	直接人工	材料费和水电费	其他费用	
分配材料费		10 000		10 000
分配人工费	13 680			13 680
计提折旧费			5 000	5 000
分摊长期待摊费用			800	800
购办公用品			1 000	1 000
支付水费		22 000		22 000
分配电费		12 000		12 000
本月发生额	13 680	44 000	6 800	64 480
月末分配结转	13 680	44 000	6 800	64 480

表 10-7（答案）　辅助生产费用分配表（计划成本分配法）

20××年 3 月　　　　金额单位：元

项　目	供电车间		供气车间	
	劳务量（度）	金额	劳务量（立方米）	金额
待分配费用		121 000		52 480
劳务供应量	306 000		14 500	
计划单位成本		0.40		4.60
受益部门和单位：				
供电车间			1 000	4 600
供气车间	30 000	12 000		
基本生产车间产品生产	200 000	80 000		
基本生产车间一般耗用	10 000	4 000	10 000	46 000
管理部门耗用	66 000	26 400	3 500	16 100
按计划成本分配合计	306 000	122 400	14 500	66 700
辅助生产车间实际成本		125 600		64 480
辅助生产车间成本差异		3 200		-2 220

表 10-8（答案）　产品生产用电分配表

20××年 3 月　　　　金额单位：元

产品	生产工人工时（小时）	分配率（元/小时）	分配金额
甲产品	40 500		48 000
乙产品	27 000		32 000
合计	67 500	1.1852	80 000

⑧归集、分配和结转制造费用。

表 10-9（答案）　制造费用明细账

生产单位：基本生产车间　单位：元

摘要	费用项目						合计
	机物料消耗	管理人员薪酬	折旧费	办公费	水电费	其他	
车间耗用材料	4 000						4 000
管理人员薪酬		9 120					9 120
计提折旧费			30 000				30 000
摊销费用						2 000	2 000
购办公用品				1 400			1 400
付水电费					2 000		2 000
购办公用品				1 000			1 000
分配辅助费用					50 000		50 000
本月发生额	4 000	9 120	30 000	2 400	52 000	2 000	99 520
月末分配结转	4 000	9 120	30 000	2 400	52 000	2 000	99 520

表 10-10（答案）　基本生产车间制造费用分配表

20××年 3 月　金额单位：元

产品	生产工人工时（小时）	分配率（元/小时）	分配金额
甲产品	40 500		59 712
乙产品	27 000		39 808
合计	67 500	1.47437	99 520

结转制造费用的会计分录：

借：生产成本——甲产品　59 712

　　　　　　——乙产品　39 808

　贷：制造费用——基本生产车间　99 520

⑨甲产品、乙产品成本计算和结转。

甲产品在产品约当产量计算：

直接材料项目约当产量=400×100%=400（件）

直接人工、制造费用项目约当产量=400×50%=200（件）

费用分配率计算：

直接材料费用分配率=$\frac{260\,400}{800+400}$=217（元/件）

燃料和动力费用分配率=$\frac{54\,000}{800+200}$=54（元/件）

直接人工费用分配率=$\frac{197\,000}{800+200}$=197（元/件）

制造费用分配率=$\frac{67\,000}{800+200}$=67（元/件）

表 10-11（答案）　　**产品成本计算单**　　金额单位：元

产品：甲产品　　20××年 3 月　　完工产量：800 件

摘　要	直接材料	燃料和动力	直接人工	制造费用	合　计
月初在产品成本	20 400	6 000	12 320	7 288	46 008
本月生产费用	240 000	48 000	184 680	59 712	532 392
生产费用合计	260 400	54 000	197 000	67 000	578 400
完工产品产量	800	800	800	800	
在产品约当量	400	200	200	200	
生产总量	1 200	1 000	1 000	1 000	
分配率（单位成本）	217	54	197	67	535
本月完工产品总成本	173 600	43 200	157 600	53 600	428 000
月末在产品成本	86 800	10 800	39 400	13 400	150 400

表 10-12（答案）　　**产品成本计算单**　　金额单位：元

产品：乙产品　　20××年 3 月　　完工产量：500 件

摘　要	直接材料	燃料和动力	直接人工	制造费用	合　计
本月生产费用	120 000	32 000	123 120	39 808	314 928
生产费用合计	120 000	32 000	123 120	39 808	314 928
分配率（本月完工产品单位成本）	240	64	246.24	79.616	629.856
本月完工产品总成本	120 000	32 000	123 120	39 808	314 928

结转完工产品成本的会计分录：

借：库存商品——甲产品　　428 000

　　　　　　——乙产品　　314 928

　贷：生产成本——甲产品　　428 000

　　　　　　　——乙产品　　314 928

⑩登记管理费用明细账。

表 10-13（答案）　　**管理费用明细账**　　单位：元

摘要	费用明细项目								合计
	物料消耗	管理人员薪酬	业务招待费	折旧费	修理费	办公费	差旅费	水电费	
耗用材料	6 000								6 000
管理人员薪酬		34 200							34 200
计提折旧费				8 000					8 000
摊销费用					1 000				1 000
购办公用品						600			600
付差旅费							2 600		2 600
购办公用品						1 800			1 800
付修理费					4 000				4 000
付招待费			200						200
分配辅助费用								43 480	43 480
本月发生额	6 000	34 200	200	8 000	5 000	2 400	2 600	43 480	101 880

第11章　练习题参考答案与实务训练提示

一、填空题

1.产品批次订单　2.单件小批、管理上不要求分步计算成本的　3.产品生产周期　4.完工产品、期末在产品　5.品种法　6.间接计入　7.未完工　8.基本生产成本二级

二、判断题

1.×　2.√　3.√　4.×　5.√　6.×　7.×　8.√　9.×　10.√

三、单项选择题

1.B　2.B　3.A　4.D　5.A

四、多项选择题

1.ABCD　2.ABC　3.ABC　4.ACD　5.AC

五、简答题

（略）

实训一

（1）略。

（2）本月领用材料的会计分录：

借：生产成本——601批次　　396 000

　贷：原材料　　396 000

（3）直接人工费用分配率=$\frac{56\ 088}{16\ 400}$=3.42（元/小时）

表11-1（答案）　直接人工费用分配表

生产单位：第一生产车间　20××年6月　金额单位：元

产品	生产工人工时（小时）	分配率（元/小时）	分配金额
501批次甲产品	8 000		27 360
601批次乙产品	4 400		15 048
502批次丙产品	4 000		13 680
合计	16 400	3.42	56 088

分配应付职工薪酬的会计分录如下：

借：生产成本——501批次　　27 360

　　　　　——601批次　　15 048

　　　　　——502批次　　13 680

　贷：应付职工薪酬　　56 088

（4）制造费用分配率=$\frac{44\ 280}{16\ 400}$=2.7（元/小时）

表11-2（答案）　制造费用分配表

生产单位：第一生产车间　20××年6月　金额单位：元

产品	生产工人工时（小时）	分配率（元/小时）	分配金额
501批次甲产品	8 000		21 600
601批次乙产品	4 400		11 880
502批次丙产品	4 000		10 800
合计	16 400	2.7	44 280

分配结转制造费用的会计分录：

借：生产成本——501 批次　　21 600
　　　　　　——601 批次　　11 880
　　　　　　——502 批次　　10 800
　贷：制造费用　　44 280

（5）产品成本的计算：

表 11-3（答案）　第一车间产品成本计算单

批别：501 批次　　开工日期：5月 2日

产品：甲产品　批量：40件　　金额单位：元　　完工日期：6月26日

摘要	直接材料	直接人工	制造费用	合计
月初在产品成本	84 000	12 000	8 000	104 000
本月分配职工薪酬		27 360		27 360
本月分配制造费用			21 600	21 600
本月发生生产费用合计	0	27 360	21 600	48 960
本月累计生产费用	84 000	39 360	29 600	152 960
结转本月完工产品成本	84 000	39 360	29 600	152 960

表 11-4（答案）　第一车间产品成本计算单

批别：601 批　　开工日期：6月4日

产品：乙产品　批量：120件　　金额单位：元　　完工日期：　月　日

摘要	直接材料	直接人工	制造费用	合计
本月耗用直接材料	396 000			396 000
本月分配职工薪酬		15 048		15 048
本月分配制造费用			11 880	11 880
本月生产费用合计	396 000	15 048	11 880	422 928
单位产品定额成本	3 300	825	700	4 825
结转本月完工 12 件产品成本	39 600	9 900	8 400	57 900
月末在产品成本	356 400	5 148	3 480	365 028

表 11-5（答案） **第一车间产品成本计算单**

批别：502 批次　　　　　　　　　　　　　　　　　　　　　　　开工日期： 5月 6日

产品：丙产品　批量：60件　　　　金额单位：元　　　　　　　　完工日期：　月　日

摘要	直接材料	直接人工	制造费用	合计
月初在产品成本	120 000	2 000	2 000	124 000
本月分配职工薪酬		13 680		13 680
本月分配制造费用			10 800	10 800
本月生产费用合计	0	13 680	10 800	24 480
生产费用累计	120 000	15 680	12 800	148 480
月末在产品成本	120 000	15 680	12 800	148 480

结转本月完工产品成本的会计分录：

借：库存商品——甲产品　　152 960

　　　　　　——乙产品　　57 900

　贷：生产成本——501 批次　　152 960

　　　　　　　——601 批次　　57 900

实训二

直接人工费用累计分配率=$\frac{295\,000+84\,200}{100\,000+26\,400}$=3（元/小时）

制造费用累计分配率=$\frac{245\,000+59\,624}{100\,000+26\,400}$=2.41（元/小时）

表 11-7（答案） **基本生产成本二级账**

生产单位：第二生产车间　　　　　　　　　　　　　　　　　　　　　　金额单位：元

20××年		凭证字号	摘要	直接材料	生产工人工时（小时）	直接人工	制造费用	成本合计
月	日							
5	31	略	月初在产品成本	800 000	100 000	295 000	245 000	1 340 000
6	30		发生材料费用	200 000				200 000
	30		分配职工薪酬		26 400	84 200		84 200
	30		分配制造费用				59 624	59 624
	30		本月发生生产费用	200 000	26 400	84 200	59 624	343 824
	30		累计生产费用	1 000 000	126 400	379 200	304 624	1 683 824
	30		累计间接计入费用分配率			3	2.41	
	30		转出本月完工产品成本	560 000	72 000	216 000	173 520	949 520
	30		月末在产品成本	440 000	54 400	163 200	131 104	734 304

表 11-8（答案）　第二车间生产成本明细账

批号：9801　投产日期：1月 6日

产品名称：A 产品　批量：100 件　金额单位：元　完工日期：6月 20 日

20××年 月	20××年 日	摘要	直接材料	生产工人工时（小时）	直接人工	制造费用	成本合计
6	1	累计余额	400 000	34 000			
	30	本月发生生产费用		6 000			
	30	累计间接计入费用分配率			3	2.41	
	30	转入间接计入费用		40 000	120 000	96 400	
	30	结转本月完工产品成本	400 000	40 000	120 000	96 400	616 400
		完工产品单位成本	4 000	400	1 200	964	6 164

表 11-9（答案）　第二车间生产成本明细账

批号：9802　投产日期：2月 24 日

产品名称：B 产品　批量：40 件　金额单位：元　完工日期：6月 25 日

20××年 月	20××年 日	摘要	直接材料	生产工人工时（小时）	直接人工	制造费用	成本合计
6	1	累计余额	160 000	28 000			
	30	本月发生生产费用		4 000			
	30	累计间接计入费用分配率			3	2.41	
	30	转入间接计入费用		32 000	96 000	77 120	
	30	结转本月完工产品成本	160 000	32 000	96 000	77 120	333 120
		完工产品单位成本	4 000	800	2 400	1 928	8 328

表 11-10（答案）　第二车间生产成本明细账

批号：9803　投产日期：3月 5 日

产品名称：C 产品　批量：200 件　金额单位：元　完工日期：　月　日

20××年 月	20××年 日	摘要	直接材料	生产工人工时（小时）	直接人工	制造费用	成本合计
6	1	累计余额	200 000	32 000			
	30	本月发生		7 000			
	30	本月止累计	200 000	39 000			

表11-11（答案）　　第二车间生产成本明细账

批号：9804　　投产日期：4月24日

产品名称：D产品　批量：20件　金额单位：元　　完工日期：　月　日

20××年		摘要	直接材料	生产工人工时（小时）	直接人工	制造费用	成本合计
月	日						
6	1	累计余额	40 000	6 000			
6	30	本月发生		5 000			
6	30	本月止累计	40 000	11 000			

表11-12（答案）　　第二车间生产成本明细账

批号：9805　　投产日期：6月10日

产品名称：E产品　批量：80件　金额单位：元　　完工日期：　月　日

20××年		摘要	直接材料	生产工人工时（小时）	直接人工	制造费用	成本合计
月	日						
6	30	本月发生	200 000	4 400			
6	30	本月止累计	200 000	4 400			

表11-13（答案）　　第二车间完工产品成本汇总表

20××年6月　　金额单位：元

成本项目	A产品（产量100件）		B产品（产量40件）	
	总成本	单位成本	总成本	单位成本
直接材料	400 000	4 000	160 000	4 000
直接人工	120 000	1 200	96 000	2 400
制造费用	96 400	964	77 120	1 928
合计	616 400	6 164	333 120	8 328

结转本月完工产品成本的会计分录：

借：库存商品——A产品　　616 400

　　　　　　——B产品　　333 120

　贷：生产成本——9801批次　　616 400

　　　　　　　——9802批次　　333 120

第12章　练习题参考答案与实务训练提示

一、填空题

1.产品品种、生产步骤　2.一致、不完全一致、企业成本管理　3.管理上要求分步计算成本　4.会计报告期、产品生产周期　5.逐步结转、平行结转　6.计算半成品、半成品成本、最后步骤　7.相同产成品、直接相加（平行汇总）　8.综合结转、分项结转　9.原始构成、成本还原　10.完工产品、狭义在产品 11.最终完工产成品、广义在产品 12.对外销售、需要考核、连续式 13.不需要、装配式 14.按其原始成本项目分别

二、判断题

1.× 2.√ 3.√ 4.× 5.× 6.√ 7.× 8.√ 9.× 10.× 11.√ 12.× 13.√ 14.×

三、单项选择题

1.B 2.D 3.D 4.A 5.B 6.C 7.B 8.C

四、多项选择题

1.ABC 2.AC 3.CD 4.AD 5.ABCD 6.ACD 7.AD 8.ABCD

五、简答题

(略)

实训一

表 12-3(答案) **第一车间产品成本计算单**

产品:A半成品 20××年3月 金额单位:元

摘要	直接材料	直接人工	制造费用	合计
月初在产品成本	25 000	6 250	5 000	36 250
本月本步发生费用	275 000	131 250	105 000	511 250
生产费用合计	300 000	137 500	110 000	547 500
本月完工产品数量	500	500	500	500
月末在产品约当量	100	50	50	—
约当总产量	600	550	550	—
本月完工产品单位成本	500	250	200	950
结转本月完工产品总成本	250 000	125 000	100 000	475 000
月末在产品成本	50 000	12 500	10 000	72 500

表 12-4(答案) **第二车间产品成本计算单**

产品:B半成品 20××年3月 金额单位:元

摘要	上步转入	本步发生		合计
	A半成品	直接人工	制造费用	
月初在产品成本	95 000	20 000	15 000	130 000
本月本步发生费用		200 000	150 000	350 000
本月上步转入费用	475 000			475 000
生产费用合计	570 000	220 000	165 000	955 000
本月完工产品数量	500	500	500	500
月末在产品约当量	100	50	50	—
约当总产量	600	550	550	—
本月完工产品单位成本	950	400	300	1 650
结转本月完工产品总成本	475 000	200 000	150 000	825 000
月末在产品成本	95 000	20 000	15 000	130 000

表 12-5（答案） 第三车间产品成本计算单

产品：甲产品 20××年 3 月 金额单位：元

摘要	上步转入	本步发生		合计
	B半成品	直接人工	制造费用	
月初在产品成本	330 000	40 000	30 000	400 000
本月本步发生费用		210 000	157 500	367 500
本月上步转入费用	825 000			825 000
生产费用合计	1 155 000	250 000	187 500	1 592 500
本月完工产品数量	550	550	550	550
月末在产品约当量	150	75	75	—
约当总产量	700	625	625	—
本月完工产成品单位成本	1 650	400	300	2 350
结转本月完工产成品总成本	907 500	220 000	165 000	1 292 500
月末在产品成本	247 500	30 000	22 500	300 000

结转本月完工产品成本的会计分录：

借：库存商品——甲产品 1 292 500

贷：生产成本——第三车间（甲产品） 1 292 500

实训二

表 12-6（答案） 产品成本还原计算表

产品：甲产品 产量：550 件 20××年 3 月 金额单位：元

摘要	成本项目					
	B半成品	A半成品	直接材料	直接人工	制造费用	合计
①还原前总成本	907 500	0	0	220 000	165 000	1 292 500
②B半成品成本构成		57.58%	0	24.24%	18.18%	100%
③B半成品成本还原	-907 500	522 500	0	220 000	165 000	0
④A半成品成本构成			52.63%	26.32%	21.05%	100%
⑤A半成品成本还原		-522 500	275 000	137 500	110 000	0
⑥还原后总成本			275 000	577 500	440 000	1 292 500
⑦还原后单位成本			500	1 050	800	2 350

表 12-7（答案） 产品成本还原计算表

产品：甲产品 产量：550 件 20××年 3 月 金额单位：元

摘要	成本还原分配率	成本项目					
		B半成品	A半成品	直接材料	直接人工	制造费用	合计
①还原前总成本		907 500			220 000	165 000	1 292 500
②本月所产B半成品成本			475 000		200 000	150 000	825 000
③B半成品成本还原	1.1	-907 500	522 500		220 000	165 000	0
④本月所产A半成品成本				250 000	125 000	100 000	475 000
⑤A半成品成本还原	1.1		-522 500	275 000	137 500	110 000	0
⑥还原后总成本				275 000	577 500	440 000	1 292 500
⑦还原后单位成本				500	1 050	800	2 350

实训三

表 12-10（答案）　**第一车间产品成本计算单**

产品：甲产品　20××年 3 月　金额单位：元

摘要		直接材料	直接人工	制造费用	合计
月初在产品成本		175 000	81 250	65 000	321 250
本月发生生产费用		275 000	131 250	105 000	511 250
生产费用合计		450 000	212 500	170 000	832 500
最终产成品数量		550	550	550	550
在产品约当量	本步在产品约当量	100	50	50	—
	已交下步未完工半成品	250	250	250	—
	在产品约当量小计	350	300	300	—
生产总量（分配标准）		900	850	850	—
单位产成品成本份额		500	250	200	950
结转本月 550 件产成品成本份额		275 000	137 500	110 000	522 500
月末在产品成本		175 000	75 000	60 000	310 000

表 12-11（答案）　**第二车间产品成本计算单**

产品：甲产品　20××年 3 月　金额单位：元

摘要		直接材料	直接人工	制造费用	合计
月初在产品成本			100 000	75 000	175 000
本月发生生产费用			200 000	150 000	350 000
生产费用合计			300 000	225 000	525 000
最终产成品数量			550	550	550
在产品约当量	本步在产品约当量		50	50	—
	已交下步未完工半成品		150	150	—
	在产品约当量小计		200	200	—
生产总量（分配标准）			750	750	—
单位产成品成本份额			400	300	700
结转本月 550 件产成品成本份额			220 000	165 000	385 000
月末在产品成本			80 000	60 000	140 000

表12-12（答案） 第三车间产品成本计算单

产品：甲产品 20××年3月 金额单位：元

摘要		直接材料	直接人工	制造费用	合计
月初在产品成本			40 000	30 000	70 000
本月发生生产费用			210 000	157 500	367 500
生产费用合计			250 000	187 500	437 500
最终产成品数量			550	550	550
在产品约当量	本步在产品约当量		75	75	—
	已交下步未完工半成品		0	0	—
	在产品约当量小计		75	75	—
生产总量（分配标准）			625	625	—
单位产成品成本份额			400	300	700
结转本月550件产成品成本份额			220 000	165 000	385 000
月末在产品成本			30 000	22 500	52 500

表12-13（答案） 产品成本计算汇总表

产品：甲产品 产量：550件 20××年3月 金额单位：元

车间	直接材料	直接人工	制造费用	合计
第一车间	275 000	137 500	110 000	522 500
第二车间		220 000	165 000	385 000
第三车间		220 000	165 000	385 000
本月完工产成品总成本	275 000	577 500	440 000	1 292 500
本月完工产成品单位成本	500	1 050	800	2 350

结转本月完工产品成本的会计分录：

借：库存商品——甲产品 1 292 500

　贷：生产成本——第一车间 522 500

　　　　　　——第二车间 385 000

　　　　　　——第三车间 385 000

第13章 练习题参考答案与实务训练提示

一、填空题

1.产品的类别、类内产品、各种产品 2.生产类型 3.类别 4.定额耗用量、定额费用、售价、体积、长度、重量 5.标准总产量（总系数） 6.原材料、生产过程、使用价值、同等地位 7.同一生产过程、同种原料、同时、非主要 8.联合成本、共同成本

二、判断题

1.√　2.×　3.√　4.√　5.√　6.×　7.×　8.×

三、单项选择题

1.D　2.B　3.C　4.B　5.A　6.B

四、多项选择题

1.ABC　2.ABC　3.ABC　4.ABCD　5.ABC　6.AB

五、简答题

（略）

实训一

表13-1（答案）　产品成本计算单

产品：甲类产品　20××年3月　金额单位：元

摘要	直接材料	直接人工	制造费用	合计
月初在产品成本	20 000	30 000	18 800	68 800
本月生产费用	146 880	383 040	255 360	785 280
生产费用合计	166 880	413 040	274 160	854 080
本月完工产品总成本	146 880	383 040	255 360	785 280
月末在产品成本	20 000	30 000	18 800	68 800

表13-2（答案）　产品系数计算表

产品类别：甲类产品　20××年3月　实物单位：件

产品名称	本月实际产量	材料消耗定额	材料系数	材料总系数	工时消耗定额	工时系数	工时总系数
A	200	15	1.5	300	9.6	1.2	240
B	240	12	1.2	288	8.8	1.1	264
C	480	10	1.0	480	8	1.0	480
D	360	9	0.9	324	7.6	0.95	342
E	300	8	0.8	240	7.2	0.9	270
合计	—	—	—	1 632	—	—	1 596

表13-3（答案）　类内产品成本计算表

产品类别：甲类产品　20××年3月　金额单位：元

产品名称	实际产量	总系数		总成本				单位成本
		直接材料	加工费用	直接材料	直接人工	制造费用	成本合计	
（分配率）				（90）	（240）	（160）		
A	200	300	240	27 000	57 600	38 400	123 000	615
B	240	288	264	25 920	63 360	42 240	131 520	548
C	480	480	480	43 200	115 200	76 800	235 200	490
D	360	324	342	29 160	82 080	54 720	165 960	461
E	300	240	270	21 600	64 800	43 200	129 600	432
合计	—	1 632	1 596	146 880	383 040	255 360	785 280	—

实训二

（1）副产品应负担的联合成本=2 000×（12-2）-（2 000+2 500）=15 500（元）

其中：

直接材料成本=15 500×50%=7 750（元）

直接人工成本=15 500×20%=3 100（元）

制造费用=15 500×30%=4 650（元）

表13-4（答案） 副产品成本计算单

产品：丁产品 产量：2 000千克 20××年3月 金额单位：元

摘要	直接材料	直接人工	制造费用	合计
分摊的联合成本	7 750	3 100	4 650	15 500
可归属成本		2 000	2 500	4 500
丁产品总成本	7 750	5 100	7 150	20 000
丁产品单位成本	3.875	2.55	3.575	10

（2）A产品实际总成本=150 000-15 500=134 500（元）

A产品单位成本=$\frac{134\ 500}{2\ 500}$=53.80（元/千克）

表13-5（答案） 产品成本计算单

产品：A产品 产量：2 500千克 20××年3月 金额单位：元

摘要	直接材料	直接人工	制造费用	合计
本月发生生产费用	75 000	30 000	45 000	150 000
结转丁产品应负担费用	7 750	3 100	4 650	15 500
A产品总成本	67 250	26 900	40 350	134 500
A产品单位成本	26.90	10.76	16.14	53.80

（3）结转本月完工产品成本的会计分录：

借：库存商品——A产品 134 500

——丁产品 20 000

贷：生产成本——A产品 134 500

——丁产品 20 000

第14章 练习题参考答案与实务训练提示

一、填空题

1.定额成本、脱离定额、材料成本、定额变动 2.成本管理、成本控制 3.直接材料、燃料、动力消耗定额及单价，工时消耗定额，人工费用率和制造费用率 4.月初在产品、按新定额 5.实际发生的生产费用、现行定额 6.限额领料单法、切割法、盘存法

二、判断题

1.× 2.× 3.√ 4.× 5.√ 6.√ 7.√ 8.√

三、单项选择题

1.C　2.A　3.A　4.B　5.B　6.A

四、多项选择题

1.ABD　2.ABCD　3.BCD　4.ABCD　5.CD　6.ABCD

五、简答题

（略）

实训

（1）结转直接材料成本的会计分录：

借：生产成本——乙产品（定额成本）　190 125
　　　　　　——乙产品（脱离定额差异）　3 625
　贷：原材料　193 750

（2）材料成本差异=（190 125+3 625）×1.2%=2 325（元）

结转材料成本差异的会计分录：

借：生产成本——乙产品（材料成本差异）　2 325
　贷：材料成本差异　2 325

（3）结转职工薪酬的会计分录：

借：生产成本——乙产品（定额成本）　148 125
　　　　　　——乙产品（脱离定额差异）　1 215
　贷：应付职工薪酬　149 340

（4）结转制造费用的会计分录：

借：生产成本——乙产品（定额成本）　246 875
　　　　　　——乙产品（脱离定额差异）　3 075
　贷：制造费用　243 800

（5）结转本月完工产品成本的会计分录：

借：库存商品——乙产品　599 835
　贷：生产成本——乙产品（定额成本）　595 000
　　　　　　　——乙产品（脱离定额差异）　2 010
　　　　　　　——乙产品（材料成本差异）　2 325
　　　　　　　——乙产品（定额变动差异）　500

表 14-1（答案）　**南山工厂产品成本计算单**

产品：乙产品　产量：400 件　　20××年 3 月　　金额单位：元

项　目	行次	直接材料	直接人工	制造费用	合　计
一、月初在产品成本					
定额成本	1	20 000	7 500	12 500	40 000
脱离定额差异	2	−1 250	652.5	1 000	402.5
二、月初在产品定额调整					
定额成本调整	3	−500			−500
定额变动差异	4	500			500
三、本月发生生产费用					

续表

项　目	行次	直接材料	直接人工	制造费用	合　计
定额成本	5	190 125	148 125	246 875	585 125
脱离定额差异	6	3 625	1 215	−3 075	1 765
材料成本差异	7	2 325			2 325
四、生产费用合计					
定额成本	8	209 625	155 625	259 375	624 625
脱离定额差异	9	2 375	1 867.5	−2 075	2 167.5
材料成本差异	10	2 325			2 325
定额变动差异	11	500			500
五、差异分配率	12	1.133%	1.2%	−0.8%	—
六、完工产品成本					
定额成本	13	195 000	150 000	250 000	595 000
脱离定额差异	14	2 210	1 800	−2 000	2 010
材料成本差异	15	2 325			2 325
定额变动差异	16	500			500
完工产品实际成本	17	200 035	151 800	248 000	599 835
七、月末在产品成本					
定额成本	18	14 625	5 625	9 375	29 625
脱离定额差异	19	165	67.5	−75	157.5

第15章　练习题参考答案与实务训练提示

一、填空题

1.产品成本、期间费用　2.产品成本、期间费用　3.企业内部经营管理者、内部管理　4.企业自行　5.费用、产品成本　6.旬报、周报、日报　7.数字真实、计算准确、内容完整、报送及时　8.实用性、针对性　9.生产费用、期初余额、期末余额　10.历史先进水平、上年实际平均、本年计划、本月实际、本年累计实际平均

二、判断题

1.√　2.×　3.×　4.√　5.×　6.√　7.×　8.×

三、单项选择题

1.A　2.D　3.D　4.A　5.B　6.B

四、多项选择题

1.AC　2.AB　3.BCD　4.ABCD　5.ABCD　6.ABD　7.ABCD　8.BCD　9.ABCD

五、简答题

（略）

实训

表 15-2（答案）　产品生产成本表（按产品品种和类别编制）

编制单位：青山工厂　　20××年度　　金额单位：元

产品	计量单位	产量		单位成本			实际产量的总成本		
		本年计划	本年实际	上年实际平均	本年计划	本年累计实际平均	按上年实际平均单位成本计算	按本年计划单位成本计算	本年实际
主要产品							2 000 000	1 945 000	1 938 500
甲产品	件	2 160	2 500	600	582	579	1 500 000	1 455 000	1 447 500
乙产品	件	1 008	1 000	500	490	491	500 000	490 000	491 000
非主要产品								555 000	530 000
丙产品	件	960	1 000		555	530		555 000	530 000
合计								2 500 000	2 468 500

第16章　练习题参考答案与实务训练提示

一、填空题

1.成本核算、成本计划　2.比较分析法、比率分析法、连环替代法、差额计算法　3.计划（预算）、前期实际、本行业（企业集团）、本行业先进企业　4.相关比率、构成比率　5.连环替代法　6.脱离计划　7.升降幅度、所占比重　8.废品、全部生产数量（合格品数量与废品数量之和）　9.工人平均工资　10.利用、投入生产

二、判断题

1.×　2.√　3.√　4.×　5.√　6.√　7.√　8.×　9.√　10.×

三、单项选择题

1.C　2.C　3.D　4.A　5.C　6.D　7.A　8.D

四、多项选择题

1.ABD　2.ABD　3.AB　4.ABD　5.ABCD　6.CD　7.CD　8.ABCD

五、简答题

（略）

实训一

表16-1（答案）全部产品成本计划完成情况分析表（按产品类别分析）

编制单位：青山工厂　　20××年度　　金额单位：元

产品名称	计量单位	实际产量	单位成本			实际产量的总成本			与计划成本比	
			上年实际	本年计划	本年实际	按上年实际平均单位成本计算	按本年计划单位成本计算	本年实际	成本降低额	成本降低率（%）
主要产品						2 000 000	1 945 000	1 938 500	6 500	0.3342
甲产品	件	2 500	600	582	579	1 500 000	1 455 000	1 447 500	7 500	0.5155
乙产品	件	1 000	500	490	491	500 000	490 000	491 000	-1 000	-0.2041
非主要产品							555 000	530 000	25 000	4.5045
丙产品	件	1 000		555	530		555 000	530 000	25 000	4.5045
合计							2 500 000	2 468 500	31 500	1.26

评价略。

实训二

表16-2（答案）　主要产品成本降低任务完成情况分析表（确定分析对象）

编制单位：青山工厂　　20××年度　　金额单位：元

项　目	成本降低额	成本降低率
1.计划数		
甲产品	38 880	3%
乙产品	10 080	2%
合计	48 960	2.72%
2.实际数		
甲产品	52 500	3.5%
乙产品	9 000	1.8%
合计	61 500	3.075%
3.差异数（分析对象）		
甲产品	13 620	+0.5%
乙产品	-1 080	-0.2%
合计	12 540	+0.355%

表16-3（答案）　**主要产品成本降低任务完成情况分析表（计算各因素影响程度）**

编制单位：青山工厂　20××年度　金额单位：元

影响因素	对成本降低额的影响	对成本降低率的影响
产品单位成本	6 500	0.325%
产品品种结构	600	0.03%
产品产量	5 440	—
合计	12 540	0.355%

评价略。

实训三

表16-6（答案）　**单位成本计划完成情况分析表**

产品：甲产品　20××年度　金额单位：元

成本项目	单位成本			与上年实际比		与本年计划比	
	上年实际	本年计划	本年实际	成本降低额	降低率	成本降低额	降低率
直接材料	235	219.4	222.6	12.4	5.28%	-3.2	-1.46%
直接人工	185	187.6	186	-1	-0.54%	1.6	0.85%
制造费用	180	175	170.4	9.6	5.33%	4.6	2.63%
合计	600	582	579	21	3.5%	3	0.52%

表16-7（答案）　**单位产品直接材料成本分析表**

产品：甲产品　20××年度　金额单位：元

材料名称	计量单位	材料消耗量		材料价格		材料成本		成本差异		差异额分析	
		计划	实际	计划	实际	计划	实际	差异额	差异率（%）	用量影响	价格影响
01	千克	40	42	2.5	2.45	100	102.9	2.9	2.9	5	-2.1
02	千克	33	35	1.5	1.5	49.5	52.5	3	6.1	3	0
03	千克	10	9	4.0	4.2	40	37.8	-2.2	-5.5	-4	1.8
04	千克	10	10	2.99	2.94	29.9	29.4	-0.5	-1.7	0	-0.5
合计						219.4	222.6	3.2	1.5	4	-0.8

表16-8（答案）　**单位产品直接人工成本分析表**

产品：甲产品　20××年度　金额单位：元

生产工人工时		小时人工费用率		人工成本		成本差异		差异额分析	
计划	实际	计划	实际	计划	实际	差异额	差异率	工时影响	小时人工费用率影响
65	64	2.886	2.906	187.6	186	-1.6	-0.853%	-2.88	1.28

表16-9（答案）　　单位产品制造费用分析表

产品：甲产品　　20××年度　　金额单位：元

生产工人工时		小时制造费用率		制造费用		成本差异		差异额分析	
计划	实际	计划	实际	计划	实际	差异额	差异率	工时影响	小时制造费用率影响
65	64	2.692	2.662	175	170.4	−4.6	−2.63%	−2.692	−1.92

评价略。

实训四

A产品产量计划完成率=$\frac{5\ 000}{4\ 000}\times100\%=125\%$

产量变动影响的成本降低率=$\left(1-\frac{1}{125\%}\right)\times\frac{450}{3\ 000}\times100\%=3\%$

产量变动影响单位成本降低额=3 000×3%=90（元）

产量变动影响总成本降低额=5 000×3 000×3%=450 000（元）

或　　=5 000×90=450 000（元）

实训五

上年B产品废品率=$\frac{220}{4\ 180+220}\times100\%=5\%$

本年B产品废品率=$\frac{200}{4\ 800+200}\times100\%=4\%$

废品率变动影响的成本降低率=$\frac{5\%\times(1-20\%)}{1-5\%}-\frac{4\%\times(1-20\%)}{1-4\%}\approx0.88\%$

废品率变动影响单位成本降低额=1 700×0.88%=14.96（元）

废品率变动影响总成本降低额=4 800×14.96=71 808（元）

实训六

上年原材料利用率=$\frac{42\ 500}{50\ 000}\times100\%=85\%$

本年原材料利用率=$\frac{43\ 350}{50\ 000}\times100\%=86.7\%$

原材料利用率变动影响成本降低率=$\left(1-\frac{85\%}{86.7\%}\right)\times\frac{560}{1\ 000}\times100\%\approx1.09804\%$

原材料利用率变动影响单位成本降低额=1 000×1.09804%=10.9804（元）

原材料利用率变动影响总成本降低额=43 350×1 000×1.09804%≈476 000（元）

或　　=（43 350−42 500）×560=476 000（元）

附录2

综合实训参考答案

1.分配和结转本月材料费用。

表9（答案）　　南华工厂第一车间材料费用分配表

20××年11月30日　　金额单位：元

产品	产品重量（千克）	分配率	分配共同耗用材料
A半成品	7 200		536 400
B半成品	9 400		700 300
合计	16 600	74.5	1 236 700

表10（答案）　　南华工厂转账凭证

20××年11月30日　　转字第1号

摘要	总账账户	明细账户	借方金额	贷方金额	记账
领用材料	生产成本	第一车间A半成品	536 400		
	生产成本	第一车间B半成品	700 300		
	生产成本	第二车间	300 000		
	生产成本	第三车间	450 000		
	生产成本	第四车间	150 000		
	制造费用	第一车间	4 200		
	制造费用	第二车间	8 900		
	制造费用	第三车间	10 500		
	制造费用	第四车间	12 100		
	销售费用		10 000		
	管理费用		14 000		
	原材料			2 149 900	
	周转材料	包装物		10 000	
	周转材料	低值易耗品		36 500	
合计			2 196 400	2 196 400	

附件　张

会计主管　　记账　　审核　　制单

2.分配和结转本月应付职工薪酬。

表11（答案）　南华工厂第一车间直接人工费用分配表

20××年11月30日　金额单位：元

产品	生产工人工时（小时）	分配率	应分配职工薪酬
A半成品	7 000		70 000
B半成品	7 810		78 100
合计	14 810	10	148 100

表12（答案）　南华工厂转账凭证

20××年11月30日　转字第2号

摘要	总账账户	明细账户	借方金额	贷方金额	记账
分配薪酬	生产成本	第一车间A半成品	70 000		
	生产成本	第一车间B半成品	78 100		
	生产成本	第二车间	177 720		
	生产成本	第三车间	236 960		
	生产成本	第四车间	207 340		
	制造费用	第一车间	2 962		
	制造费用	第二车间	4 443		
	制造费用	第三车间	4 443		
	制造费用	第四车间	4 443		
	销售费用		8 886		
	管理费用		29 620		
	应付职工薪酬	略		824 917	
合计			824 917	824 917	

附件　张

会计主管　记账　审核　制单

3.分配和结转本月应付水电费。

表13（答案）　南华工厂第一车间产品生产用电费分配表

20××年11月30日　金额单位：元

产品	产品重量（千克）	分配率	应分配电费
A半成品	7 200		6 480
B半成品	9 400		8 460
合计	16 600	0.9	14 940

表14（答案）

南华工厂转账凭证

20××年11月30日　　转字第3号

摘要	总账账户	明细账户	借方金额	贷方金额	记账
应付水电费	生产成本	第一车间A半成品	6 480		
	生产成本	第一车间B半成品	8 460		
	生产成本	第二车间	7 200		
	生产成本	第三车间	8 100		
	生产成本	第四车间	7 200		
	制造费用	第一车间	12 600		
	制造费用	第二车间	5 100		
	制造费用	第三车间	4 800		
	制造费用	第四车间	3 000		
	销售费用		1 200		
	管理费用		9 600		
	应付账款	市供电公司		50 940	
	应付账款	市自来水公司		22 800	
合计			73 740	73 740	

附件　张

会计主管　　记账　　审核　　制单

4.以库存现金支付费用。

表15（答案）

南华工厂付款凭证

贷方科目：库存现金　　20××年11月30日　　付字第1号

摘要	借方科目		金额	记账
	总账账户	明细账户		
以现金支付费用	制造费用	第一车间	1 838	
	制造费用	第二车间	4 657	
	制造费用	第三车间	4 257	
	制造费用	第四车间	4 557	
	销售费用		12 000	
	管理费用		18 000	
合计			45 309	

附件　张

会计主管　　记账　　审核　　出纳　　制单

5.以银行存款支付费用。

表16（答案） 南华工厂付款凭证

贷方科目：银行存款 20××年11月30日 付字第2号

摘要	借方科目		金额	记账
	总账账户	明细账户		
以银行存款支付费用	制造费用	第一车间	5 000	
	制造费用	第二车间	7 200	
	制造费用	第三车间	9 500	
	制造费用	第四车间	8 000	
	销售费用		11 500	
	管理费用		38 000	
合计			79 200	

附件 张

会计主管 记账 审核 出纳 制单

6.计提本月折旧。

表17（答案） 南华工厂折旧计算表

20××年11月30日 金额单位：元

车间、部门	上月应计提折旧额	上月增加固定资产应计提折旧额	上月减少固定资产应计提折旧额	本月应计提折旧额
第一车间	32 640			32 640
第二车间	60 000	9 000		69 000
第三车间	54 000		3 600	50 400
第四车间	21 000			21 000
厂部	15 000	6 000	4 500	16 500
合计	182 640	15 000	8 100	189 540

表18（答案） 南华工厂转账凭证

20××年11月30日 转字第4号

摘要	总账账户	明细账户	借方金额	贷方金额	记账
计提折旧	制造费用	第一车间	32 640		
	制造费用	第二车间	69 000		
	制造费用	第三车间	50 400		
	制造费用	第四车间	21 000		
	管理费用		16 500		
	累计折旧			189 540	
合计			189 540	189 540	

附件 张

会计主管 记账 审核 制单

7.分配和结转本月基本生产车间制造费用。

表19（答案） **南华工厂第一车间制造费用分配表**

20××年11月30日　　　　金额单位：元

产品	生产工人工时（小时）	分配率	应分配制造费用
A半成品	7 000		28 000
B半成品	7 810		31 240
合计	14 810	4	59 240

表20（答案） **南华工厂转账凭证**

20××年11月30日　　　　转字第5号

摘要	总账账户	明细账户	借方金额	贷方金额	记账
分配制造费用	生产成本	第一车间A半成品	28 000		
	生产成本	第一车间B半成品	31 240		
	生产成本	第二车间	99 300		
	生产成本	第三车间	83 900		
	生产成本	第四车间	53 100		
	制造费用	第一车间		59 240	
	制造费用	第二车间		99 300	
	制造费用	第三车间		83 900	
	制造费用	第四车间		53 100	
合计			295 540	295 540	

附件　张

会计主管　　记账　　审核　　制单

8.计算和结转完工入库自制半成品成本。

表21（答案） **南华工厂完工产品成本汇总表**

生产单位：第一车间　　20××年11月30日　　金额单位：元

产品	产量（千克）	总成本				单位成本
		直接材料	直接人工	制造费用	合计	
A半成品	7 500	565 200	67 050	27 750	660 000	88
B半成品	9 600	723 840	77 760	31 680	833 280	86.8
合计		1 289 040	144 810	59 430	1 493 280	

表22（答案） **南华工厂转账凭证**

20××年11月30日　　　　转字第6号

摘要	总账账户	明细账户	借方金额	贷方金额	记账
结转入库自制半成品成本	自制半成品	A半成品	660 000		
	自制半成品	B半成品	833 280		
	生产成本	第一车间A半成品		660 000	
	生产成本	第一车间B半成品		833 280	
合计			1 493 280	1 493 280	

附件　张

会计主管　　记账　　审核　　制单

9. 计算和结转生产领用自制半成品成本。

（1）A半成品加权平均单位成本=（136 500+660 000）÷（1 500+7 500）=88.5（元/千克）

（2）本月生产领用A半成品总成本=88.5×7 500=663 750（元）

（3）B半成品加权平均单位成本=（135 520+833 280）÷（1 600+9 600）=86.5（元/千克）

（4）本月生产领用B半成品总成本=86.5×9 600=830 400（元）

表23（答案）

南华工厂转账凭证

20××年11月30日　　转字第7号

摘要	总账账户	明细账户	借方金额	贷方金额	记账
结转生产领用自制半成品成本	生产成本	第二车间甲产品	663 750		
	生产成本	第三车间甲产品	830 400		
	自制半成品	A半成品		663 750	
	自制半成品	B半成品		830 400	
合计			1 494 150	1 494 150	

附件　张

会计主管　　记账　　审核　　制单

10. 计算和结转本月完工入库甲产品成本。

表24（答案）

南华工厂产成品成本汇总计算表

产品：甲产品　　20××年11月30日　　金额单位：元

生产单位	最终产品数量（件）	产成品成本份额				单位成本
		直接材料	直接人工	制造费用	合计	
第二车间	200	968 000	175 680	96 320	1 240 000	6 200
第三车间	200	1 287 000	235 920	84 000	1 606 920	8 034.6
第四车间	200	149 700	207 340	53 100	410 140	2 050.7
合计	200	2 404 700	618 940	233 420	3 257 060	16 285.3

表25（答案）

南华工厂转账凭证

20××年11月30日　　转字第8号

摘要	总账账户	明细账户	借方金额	贷方金额	记账
结转完工入库甲产品成本	库存商品	甲产品	3 257 060		
	生产成本	第二车间		1 240 000	
	生产成本	第三车间		1 606 920	
	生产成本	第四车间		410 140	
合计			3 257 060	3 257 060	

附件　张

会计主管　　记账　　审核　　制单

11.登记有关总分类账、二级账和明细账。

表 26（答案）　　南华工厂总分类账

会计科目：生产成本

20××年		凭证字号	摘要	借方	贷方	借或贷	余额
月	日						
11	1		上月结转			借	552 480
11	30	转 1	领用材料	2 136 700			
	30	转 2	分配职工薪酬	770 120			
	30	转 3	应付水电费	37 440			
	30	转 5	分配制造费用	295 540			
	30	转 6	结转入库自制半成品成本		1 493 280		
	30	转 7	结转领用自制半成品成本	1 494 150			
	30	转 8	结转入库甲产品成本		3 257 060	借	536 090
			本月发生额合计及月末余额	4 733 950	4 750 340	借	536 090

表 27（答案）　　南华工厂总分类账

会计科目：制造费用

20××年		凭证字号	摘要	借方	贷方	借或贷	余额
月	日						
11	30	转 1	领用材料	35 700			
	30	转 2	分配职工薪酬	16 291			
	30	转 3	应付水电费	25 500			
	30	付 1	支付办公费	15 309			
	30	付 2	支付保险费等	29 700			
	30	转 4	计提折旧费	173 040		借	295 540
	30	转 5	分配结转制造费用		295 540	平	0
			本月发生额合计及月末余额	295 540	295 540	平	0

表 28（答案）　　南华工厂总分类账

会计科目：自制半成品

20××年		凭证字号	摘要	借方	贷方	借或贷	余额
月	日						
11	1		上月结转			借	272 020
	30	转 6	车间完工交库	1 493 280			
	30	转 7	车间生产领用		1 494 150	借	271 150
			本月发生额合计及月末余额	1 493 280	1 494 150	借	271 150

表29（答案） **南华工厂生产成本二级账**

生产单位：第一车间

20××年		凭证字号	摘要	成本项目			合计
月	日			直接材料	直接人工	制造费用	
11	1		上月结转	135 400	4 420	3 360	143 180
11	30	转1	领用材料	1 236 700			1 236 700
	30	转2	分配职工薪酬		148 100		148 100
	30	转3	应付水电费	14 940			14 940
	30	转5	分配制造费用			59 240	59 240
			本月生产费用合计	1 251 640	148 100	59 240	1 458 980
			累计生产费用	1 387 040	152 520	62 600	1 602 160
	30	转6	结转本月完工半成品成本	1 289 040	144 810	59 430	1 493 280
			月末在产品成本	98 000	7 710	3 170	108 880

表30（答案） **南华工厂生产成本明细账**

生产单位：第一车间　　　　产品：A半成品

20××年		凭证字号	摘要	成本项目			合计
月	日			直接材料	直接人工	制造费用	
11	1		上月结转	60 000	1 520	1 600	63 120
11	30	转1	领用材料	536 400			536 400
	30	转2	分配职工薪酬		70 000		70 000
	30	转3	应付水电费	6 480			6 480
	30	转5	分配制造费用			28 000	28 000
			本月生产费用合计	542 880	70 000	28 000	640 880
			累计生产费用	602 880	71 520	29 600	704 000
			完工产品数量	7 500	7 500	7 500	7 500
			在产品约当量	500	500	500	
			生产量小计	8 000	8 000	8 000	
			费用分配率（完工产品单位成本）	75.36	8.94	3.70	88
	30	转6	结转本月完工半成品成本	565 200	67 050	27 750	660 000
			月末在产品成本	37 680	4 470	1 850	44 000

表 31（答案） **南华工厂生产成本明细账**

生产单位：第一车间 产品：B半成品

20××年		凭证字号	摘要	成本项目			合计
月	日			直接材料	直接人工	制造费用	
11	1		上月结转	75 400	2 900	1 760	80 060
11	30	转 1	领用材料	700 300			700 300
	30	转 2	分配职工薪酬		78 100		78 100
	30	转 3	应付水电费	8 460			8 460
	30	转 5	分配制造费用			31 240	31 240
			本月生产费用合计	708 760	78 100	31 240	818 100
			累计生产费用	784 160	81 000	33 000	898 160
			完工产品数量	9 600	9 600	9 600	9 600
			在产品约当量	800	400	400	
			生产量小计	10 400	10 000	10 000	
			费用分配率（完工产品单位成本）	75.40	8.10	3.30	86.80
	30	转 6	结转本月完工半成品成本	723 840	77 760	31 680	833 280
			月末在产品成本	60 320	3 240	1 320	64 880

表 32（答案） **南华工厂生产成本明细账**

生产单位：第二车间 产品：甲产品（C半成品）

20××年		凭证字号	摘要	成本项目			合计
月	日			直接材料	直接人工	制造费用	
11	1		上月结转	142 250	19 920	9 060	171 230
11	30	转 1	领用材料	300 000			300 000
	30	转 2	分配职工薪酬		177 720		177 720
	30	转 3	应付水电费	7 200			7 200
	30	转 5	分配制造费用			99 300	99 300
	30	转 7	领用自制半成品	663 750			663 750
			本月生产费用合计	970 950	177 720	99 300	1 247 970
			累计生产费用	1 113 200	197 640	108 360	1 419 200
			本月完工产品总定额	1 000 000	16 000	16 000	
			月末在产品总定额	150 000	2 000	2 000	
			总定额合计	1 150 000	18 000	18 000	
			费用分配率（完工产品单位成本）	0.968	10.98	6.02	
	30	转 8	结转本月完工甲产品成本份额	968 000	175 680	96 320	1 240 000
			月末广义在产品成本	145 200	21 960	12 040	179 200

表33（答案）　　南华工厂生产成本明细账

生产单位：第三车间　　产品：甲产品（D半成品）

20××年		凭证字号	摘要	成本项目			合计
月	日			直接材料	直接人工	制造费用	
11	1		上月结转	191 550	28 450	10 600	230 600
11	30	转1	领用材料	450 000			450 000
	30	转2	分配职工薪酬	0	236 960		236 960
	30	转3	应付水电费	8 100			8 100
	30	转5	分配制造费用	0		83 900	83 900
	30	转7	领用自制半成品	830 400			830 400
			本月生产费用合计	1 288 500	236 960	83 900	1 609 360
			累计生产费用	1 480 050	265 410	94 500	1 839 960
			本月完工产品总定额	1 300 000	24 000	24 000	
			月末在产品总定额	195 000	3 000	3 000	
			总定额合计	1 495 000	27 000	27 000	
			费用分配率（完工产品单位成本）	0.99	9.83	3.50	
	30	转8	结转本月完工甲产品成本份额	1 287 000	235 920	84 000	1 606 920
			月末广义在产品成本	193 050	29 490	10 500	233 040

表34（答案）　　南华工厂生产成本明细账

生产单位：第四车间　　产品：甲产品（产成品）

20××年		凭证字号	摘要	成本项目			合计
月	日			直接材料	直接人工	制造费用	
11	1		上月结转	7 470			7 470
11	30	转1	领用材料	150 000			150 000
	30	转2	分配职工薪酬		207 340		207 340
	30	转3	应付水电费	7 200			7 200
	30	转5	分配制造费用			53 100	53 100
			本月生产费用合计	157 200	207 340	53 100	417 640
			累计生产费用	164 670	207 340	53 100	425 110
			本月完工产品总定额	150 000			
			月末在产品总定额	15 000			
			总定额合计	165 000			
			费用分配率（完工产品单位成本）	0.998			
	30	转8	结转本月完工甲产品成本份额	149 700	207 340	53 100	410 140
			月末广义在产品成本	14 970			14 970

表 35（答案）　　南华工厂制造费用明细账

生产单位：第一车间

20××年		凭证字号	摘要	费用项目							合计
月	日			薪酬	折旧费	机物料	办公费	水电费	保险费	其他	
11	30	转 1	领用材料			4 200					4 200
	30	转 2	分配薪酬	2 962							2 962
	30	转 3	水电费					12 600			12 600
	30	付 1	办公费				1 838				1 838
	30	付 2	保险费等				3 000		2 000		5 000
	30	转 4	折旧费		32 640						32 640
			本月合计	2 962	32 640	4 200	4 838	12 600	2 000		59 240
	30	转 5	分配转出	2 962	32 640	4 200	4 838	12 600	2 000		59 240

表 36（答案）　　南华工厂制造费用明细账

生产单位：第二车间

20××年		凭证字号	摘要	费用项目							合计
月	日			薪酬	折旧费	机物料	办公费	水电费	保险费	其他	
11	30	转 1	领用材料			8 900					8 900
	30	转 2	分配薪酬	4 443							4 443
	30	转 3	水电费					5 100			5 100
	30	付 1	办公费				4 657				4 657
	30	付 2	保险费等				3 200		4 000		7 200
	30	转 4	折旧费		69 000						69 000
			本月合计	4 443	69 000	8 900	7 857	5 100	4 000		99 300
	30	转 5	分配转出	4 443	69 000	8 900	7 857	5 100	4 000		99 300

表 37（答案）　　南华工厂制造费用明细账

生产单位：第三车间

20××年		凭证字号	摘要	费用项目							合计
月	日			薪酬	折旧费	机物料	办公费	水电费	保险费	其他	
11	30	转 1	领用材料			10 500					10 500
	30	转 2	分配薪酬	4 443							4 443
	30	转 3	水电费					4 800			4 800
	30	付 1	办公费				4 257				4 257
	30	付 2	保险费等				4 500		5 000		9 500
	30	转 4	折旧费		50 400						50 400
			本月合计	4 443	50 400	10 500	8 757	4 800	5 000		83 900
	30	转 5	分配转出	4 443	50 400	10 500	8 757	4 800	5 000		83 900

表38（答案） 南华工厂制造费用明细账

生产单位：第四车间

20××年		凭证字号	摘要	费用项目							合计
月	日			薪酬	折旧费	机物料	办公费	水电费	保险费	其他	
11	30	转1	领用材料			12 100					12 100
	30	转2	分配薪酬	4 443							4 443
	30	转3	水电费					3 000			3 000
	30	付1	办公费				4 557				4 557
	30	付2	保险费等				3 900		4 100		8 000
	30	转4	折旧费		21 000						21 000
			本月合计	4 443	21 000	12 100	8 457	3 000	4 100		53 100
	30	转5	分配转出	4 443	21 000	12 100	8 457	3 000	4 100		53 100

表39（答案） 南华工厂自制半成品明细账

户名：A半成品 实物单位：千克

20××年		凭证字号	摘要	收入		发出			结存	
月	日			数量	金额	数量	单价	金额	数量	金额
11	1		上月结转						1 500	136 500
	30	转6	一车间交库	7 500	660 000					
	30	转7	二车间领用			7 500	88.5	663 750	1 500	132 750
			本月合计	7 500	660 000	7 500	88.5	663 750		

表40（答案） 南华工厂自制半成品明细账

户名：B半成品 实物单位：千克

20××年		凭证字号	摘要	收入		发出			结存	
月	日			数量	金额	数量	单价	金额	数量	金额
11	1		上月结转						1 600	135 520
	30	转6	一车间交库	9 600	833 280					
	30	转7	三车间领用			9 600	86.5	830 400	1 600	138 400
			本月合计	9 600	833 280	9 600	86.5	830 400		

12. 月末对账。

表 41（答案） 南华工厂明细分类账户本月发生额及余额明细表

总账账户：生产成本 20××年 11 月 30 日 单位：元

明细账户名称	期初借方余额	本月借方发生额	本月贷方发生额	期末借方余额
第一车间 A 半成品	63 120	640 880	660 000	44 000
第一车间 B 半成品	80 060	818 100	833 280	64 880
小计（第一车间二级账）	143 180	1 458 980	1 493 280	108 880
第二车间	171 230	1 247 970	1 240 000	179 200
第三车间	230 600	1 609 360	1 606 920	233 040
第四车间	7 470	417 640	410 140	14 970
合计（生产成本总账）	552 480	4 733 950	4 750 340	536 090

表 42（答案） 南华工厂明细分类账户本月发生额及余额明细表

总账账户：自制半成品 20××年 11 月 30 日 金额单位：元

明细账户名称	期初结存		本月收入		本期发出		期末结存	
	数量	金额	数量	金额	数量	金额	数量	金额
A 半成品	1 500	136 500	7 500	660 000	7 500	663 750	1 500	132 750
B 半成品	1 600	135 520	9 600	833 280	9 600	830 400	1 600	138 400
合计（自制半成品总账）		272 020		1 493 280		1 494 150		271 150